Mifflin
Harcourt

Expresiones en

MATEMÁTICAS

Estándares comunes

Dra. Karen C. Fuson

GRADO

1

Volumen 2

This material is based upon work supported by the
National Science Foundation
under Grant Numbers
ESI-9816320, REC-9806020, and RED-935373.

Any opinions, findings, and conclusions, or recommendations expressed in this material
are those of the author and do not necessarily reflect the views of the National Science Foundation.

Printed in the U.S.A.

ISBN: 978-0-547-88234-5

16 17 18   2331   22 21 20

4500791879   A B C D E F G

CONTENIDO DEL VOLUMEN 2

UNIDAD 5 Situaciones de valor posicional

* Esta lección solo consiste de actividades de la Edición del maestro.

UNIDAD 8 Sumas con dos dígitos

| LA GRAN IDEA | Sumar números de 2 dígitos |

Recursos del estudiante

***** Esta lección solo consiste de actividades de la Edición del maestro.

© Houghton Mifflin Harcourt Publishing Company

Dear Family:

In the previous unit, your child learned the Make a Ten strategy to find teen totals. Now, your child builds on previous knowledge to use make a ten to find an unknown partner. The Make a Ten strategy is explained below.

In a teen addition problem such as 9 + 5, children break apart the lesser number to make a ten with the greater number. Because 9 + 1 = 10, they break apart 5 into 1 + 4. Then they add the extra 4 onto 10 to find the total. A similar method is used to find unknown partners with teen totals. Children look for ways to make a ten because it is easier to add onto 10.

In the *Math Expressions* program, Make-a-Ten Cards help children use this method. Each card has a problem on the front. The back shows the answer and illustrates the Make a Ten strategy using pictures of dots. Below the pictures are corresponding numbers to help children understand how to make a ten. Practice the method with your child. As you continue to practice the Make a Ten strategy with your child, your child will become more adept at using mental math.

If you have any question about the Make a Ten strategy, please contact me.

Sincerely,
Your child's teacher

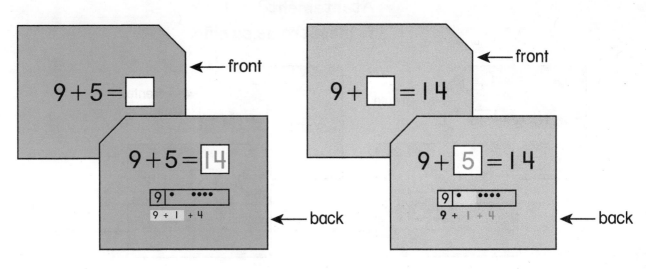

Make-a-Ten Cards

COMMON CORE

Unit 5 includes the Common Core Standards for Mathematical Content for Operations and Algebraic Thinking 1.OA.1, 1.OA.2, 1.OA.3, 1.OA.4, 1.OA.5, 1.OA.6, 1.OA.8; Number and Operations in Base Ten, 1.NBT.1, 1.NBT.2, 1.NBT.2c, 1.NBT.4, 1.NBT.5, 1.NBT.6 and all Mathematical Practices.

Carta a la familia

Estimada familia:

En la unidad anterior, su niño aprendió la Estrategia hacer decenas para hallar totales de números de 11 a 19. Ahora, su niño ampliará esos conocimientos previos y hará decenas para hallar una parte desconocida. La Estrategia hacer decenas se explica debajo.

En una suma con números de 11 a 19, tal como 9 + 5, los niños separan el número menor para formar una decena con el número mayor. Como 9 + 1 = 10, separan el 5 en 1 + 4. Luego suman al 10 los 4 que sobran para hallar el total. Un método semejante se usa para hallar partes desconocidas con totales de números de 11 a 19. Los niños buscan maneras de formar una decena porque es más fácil sumar con 10.

En el programa *Math Expressions* las tarjetas de hacer decenas ayudan a los niños a usar este método. Cada tarjeta tiene un problema en el frente. En el reverso se muestra la respuesta y se ilustra la Estrategia hacer decenas mediante dibujos de puntos. Debajo de los dibujos están los números correspondientes para ayudar a los niños a comprender cómo se hace una decena. Practique el método con su niño. A medida que practican la estrategia, su niño adquirirá mayor dominio del cálculo mental.

Si tiene alguna pregunta sobre la Estrategia hacer decenas, por favor comuníquese conmigo.

Atentamente,
El maestro de su niño

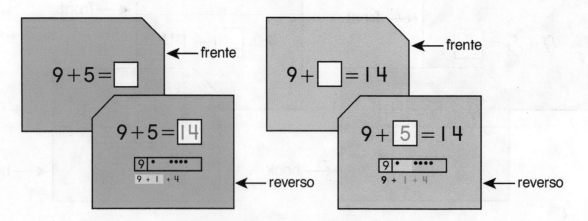

Tarjetas de formar decenas

© Houghton Mifflin Harcourt Publishing Company

COMMON CORE

La Unidad 5 incluye los Common Core Standards for Mathematical Content for Operations and Algebraic Thinking 1.OA.1, 1.OA.2, 1.OA.3, 1.OA.4, 1.OA.5, 1.OA.6, 1.OA.8; Number and Operations in Base Ten, 1.NBT.1, 1.NBT.2, 1.NBT.2c, 1.NBT.4, 1.NBT.5, 1.NBT.6 and all Mathematical Practices.

$7 + \boxed{} = 16$

$6 + \boxed{} = 15$

$7 + \boxed{} = 11$

$8 + \boxed{} = 12$

$9 + \boxed{} = 13$

$6 + \boxed{} = 11$

$7 + \boxed{} = 12$

$8 + \boxed{} = 13$

$9 + \boxed{} = 14$

$5 + \boxed{} = 11$

$9 + \boxed{} = 18$

$7 + \boxed{} = 13$

$8 + \boxed{} = 14$

$9 + \boxed{} = 15$

$4 + \boxed{} = 11$

$7 + \boxed{4} = 11$

7 | ••• •
7 + 3 + 1

$6 + \boxed{9} = 15$

6 | •••• •••••
6 + 4 + 5

$7 + \boxed{9} = 16$

7 | ••• ••••••
7 + 3 + 6

$6 + \boxed{5} = 11$

6 | •••• •
6 + 4 + 1

$9 + \boxed{4} = 13$

9 | • •••
9 + 1 + 3

$8 + \boxed{4} = 12$

8 | •• ••
8 + 2 + 2

$9 + \boxed{5} = 14$

9 | • ••••
9 + 1 + 4

$8 + \boxed{5} = 13$

8 | •• •••
8 + 2 + 3

$7 + \boxed{5} = 12$

7 | ••• ••
7 + 3 + 2

$7 + \boxed{6} = 13$

7 | ••• •••
7 + 3 + 3

$9 + \boxed{9} = 18$

9 | • ••••••••
9 + 1 + 8

$5 + \boxed{6} = 11$

5 | ••••• •
5 + 5 + 1

$4 + \boxed{7} = 11$

4 | •••••• •
4 + 6 + 1

$9 + \boxed{6} = 15$

9 | • •••••
9 + 1 + 5

$8 + \boxed{6} = 14$

8 | •• ••••
8 + 2 + 4

Tarjetas moradas de formar decenas

$5 + \boxed{} = 12$

$6 + \boxed{} = 13$

$8 + \boxed{} = 17$

$8 + \boxed{} = 15$

$9 + \boxed{} = 16$

$3 + \boxed{} = 11$

$4 + \boxed{} = 12$

$5 + \boxed{} = 13$

$6 + \boxed{} = 14$

$7 + \boxed{} = 15$

$8 + \boxed{} = 16$

$9 + \boxed{} = 17$

$3 + \boxed{} = 12$

$4 + \boxed{} = 13$

$5 + \boxed{} = 14$

$8 + \boxed{9} = 17$

8 •• •••••
8 + 2 + 7

$6 + \boxed{7} = 13$

6 •••• •••
6 + 4 + 3

$5 + \boxed{7} = 12$

5 ••••• ••
5 + 5 + 2

$3 + \boxed{8} = 11$

3 ••••• •
3 + 7 + 1

$9 + \boxed{7} = 16$

9 • •••••
9 + 1 + 6

$8 + \boxed{7} = 15$

8 •• •••••
8 + 2 + 5

$6 + \boxed{8} = 14$

6 •••• ••••
6 + 4 + 4

$5 + \boxed{8} = 13$

5 ••••• •••
5 + 5 + 3

$4 + \boxed{8} = 12$

4 •••• ••
4 + 6 + 2

$9 + \boxed{8} = 17$

9 • •••••••
9 + 1 + 7

$8 + \boxed{8} = 16$

8 •• •••••
8 + 2 + 6

$7 + \boxed{8} = 15$

7 ••• •••••
7 + 3 + 5

$5 + \boxed{9} = 14$

5 ••••• ••••
5 + 5 + 4

$4 + \boxed{9} = 13$

4 ••••• •••
4 + 6 + 3

$3 + \boxed{9} = 12$

3 ••••• ••
3 + 7 + 2

Tarjetas moradas de formar decenas

Nombre _____

Traza una línea desde la ecuación hasta la figura que muestra cómo usar la estrategia de formar una decena para resolver. Escribe la **parte desconocida.**

1. $8 + \boxed{} = 12$

| 9 | • | • • |

2. $9 + \boxed{} = 15$

| 7 | • • • | • • |

3. $7 + \boxed{} = 12$

| 9 | • | • |

4. $8 + \boxed{} = 14$

| 8 | • • | • • |

5. $9 + \boxed{} = 12$

| 8 | • • | • • • • |

6. $8 + \boxed{} = 15$

| 9 | • | • • • • • |

7. $9 + \boxed{} = 11$

| 9 | • | • • • • • • • |

8. $9 + \boxed{} = 17$

| 8 | • • | • • • • • |

9. $7 + \boxed{} = 11$

| 7 | • • • | • |

Nombre

Resuelve el problema.

Muestra los cálculos. Usa dibujos, números o palabras.

10. En un árbol hay algunas aves. 5 aves más llegan volando al árbol. Ahora hay 13 aves. ¿Cuántas aves había antes en el árbol?

árbol

_____ rótulo

11. 14 gatos son blancos y negros. 8 gatos son negros. ¿Cuántos gatos son blancos?

gato

_____ rótulo

12. 10 cometas son grandes. 10 cometas son pequeñas. ¿Cuántas cometas hay?

cometa

_____ rótulo

13. Juan tiene 8 libros. Meg trae más libros. Ahora hay 17 libros. ¿Cuántos libros trae Meg?

libro

_____ rótulo

Partes desconocidas y totales del 11 al 19

$15 - 6 = \boxed{}$ $16 - 7 = \boxed{}$ $11 - 7 = \boxed{}$

$12 - 8 = \boxed{}$ $13 - 9 = \boxed{}$ $11 - 6 = \boxed{}$

$12 - 7 = \boxed{}$ $13 - 8 = \boxed{}$ $14 - 9 = \boxed{}$

$11 - 5 = \boxed{}$ $17 - 8 = \boxed{}$ $13 - 7 = \boxed{}$

$14 - 8 = \boxed{}$ $15 - 9 = \boxed{}$ $11 - 4 = \boxed{}$

11 − 7 = 4

7 | ••• •
7 + 3 + 1

16 − 7 = 9

7 | ••• •••••
7 + 3 + 6

15 − 6 = 9

6 | •••• •••••
6 + 4 + 5

11 − 6 = 5

6 | •••• •
6 + 4 + 1

13 − 9 = 4

9 | • •••
9 + 1 + 3

12 − 8 = 4

8 | •• ••
8 + 2 + 2

14 − 9 = 5

9 | • ••••
9 + 1 + 4

13 − 8 = 5

8 | •• •••
8 + 2 + 3

12 − 7 = 5

7 | ••• ••
7 + 3 + 2

13 − 7 = 6

7 | ••• •••
7 + 3 + 3

17 − 8 = 9

8 | •• •••••••
8 + 2 + 7

11 − 5 = 6

5 | ••••• •
5 + 5 + 1

11 − 4 = 7

4 | •••••• •
4 + 6 + 1

15 − 9 = 6

9 | • •••••
9 + 1 + 5

14 − 8 = 6

8 | •• ••••
8 + 2 + 4

Tarjetas azules de formar decenas

$12 - 5 = \boxed{}$ $13 - 6 = \boxed{}$ $18 - 9 = \boxed{}$

$15 - 8 = \boxed{}$ $16 - 9 = \boxed{}$ $11 - 3 = \boxed{}$

$12 - 4 = \boxed{}$ $13 - 5 = \boxed{}$ $14 - 6 = \boxed{}$

$15 - 7 = \boxed{}$ $16 - 8 = \boxed{}$ $17 - 9 = \boxed{}$

$12 - 3 = \boxed{}$ $13 - 4 = \boxed{}$ $14 - 5 = \boxed{}$

$18 - 9 = 9$

9 + 1 + 8

$13 - 6 = 7$

6 + 4 + 3

$12 - 5 = 7$

5 + 5 + 2

$11 - 3 = 8$

3 + 7 + 1

$16 - 9 = 7$

9 + 1 + 6

$15 - 8 = 7$

8 + 2 + 5

$14 - 6 = 8$

6 + 4 + 4

$13 - 5 = 8$

5 + 5 + 3

$12 - 4 = 8$

4 + 6 + 2

$17 - 9 = 8$

9 + 1 + 7

$16 - 8 = 8$

8 + 2 + 6

$15 - 7 = 8$

7 + 3 + 5

$14 - 5 = 9$

5 + 5 + 4

$13 - 4 = 9$

4 + 6 + 3

$12 - 3 = 9$

3 + 7 + 2

Tarjetas azules de formar decenas

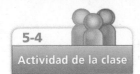

Traza una línea desde la ecuación hasta la figura que muestra cómo usar la estrategia de formar una decena para resolver.

1. 8 + [ ] = 14

8	•• •

2. 7 + 5 = [ ]

6	•••• •••••

3. 8 + 3 = [ ]

8	•• ••••

4. 6 + [ ] = 15

7	••• •••

5. 9 + [ ] = 18

9	• •••••

6. 9 + [ ] = 15

8	•• ••

7. 8 + 4 = [ ]

9	• •••••••••

8. 7 + 6 = [ ]

7	••• ••

9. Encierra en un círculo la figura de arriba que muestra cómo usar la estrategia de formar una decena para resolver la ecuación.

13 − 7 = [ ]

Suma.

10. $9 + 3 =$ ☐   11. $7 + 8 =$ ☐   12. $7 + 5 =$ ☐

13. $10 + 10 =$ ☐   14. $8 + 5 =$ ☐   15. $2 + 9 =$ ☐

16. $11 + 9 =$ ☐   17. $12 + 7 =$ ☐   18. $8 + 12 =$ ☐

Calcula la parte desconocida.

19. $9 +$ ☐ $= 14$ 20. $10 +$ ☐ $= 19$ 21. $6 +$ ☐ $= 13$

22. ☐ $+ 4 = 12$ 23. ☐ $+ 8 = 11$ 24. ☐ $+ 6 = 15$

Resta.

25. $11 - 2 =$ ☐   26. $14 - 6 =$ ☐   27. $13 - 9 =$ ☐

28. $16 - 8 =$ ☐   29. $13 - 7 =$ ☐   30. $12 - 5 =$ ☐

Camino al conocimiento **Resta.**

1. $10 - 8 =$ ☐   2. $7 - 1 =$ ☐   3. $6 - 6 =$ ☐

4. $9 - 7 =$ ☐   5. $8 - 4 =$ ☐   6. $10 - 6 =$ ☐

Practicar en grupos pequeños con problemas de números del 11 al 19

1. Rosa lee 8 cuentos. Tim lee 5 cuentos.
¿Cuántos cuentos leen en total?

Yo leo 8 cuentos.

Yo leo 5 cuentos.

Rosa _____

Tim _____

En total

2. Rosa lee 8 cuentos. Tim también lee algunos cuentos. Leen 13 cuentos en total. ¿Cuántos cuentos lee Tim?

Yo leo 8 cuentos.

Leemos 13 cuentos en total.

Rosa _____

Tim

En total _____

3. Rosa lee algunos cuentos. Tim lee 5 cuentos. Leen 13 cuentos en total. ¿Cuántos cuentos lee Rosa?

Yo leo 5 cuentos.

Leemos 13 cuentos en total.

Rosa

Tim _____

En total _____

En una caja hay algunos crayolas.

Yo saco 6 crayolas.

Ahora hay 9 crayolas en la caja.

¿Cuántos crayolas había en la caja antes?

4. Observa lo que escribió el Pingüino Confundido.

¿Tengo razón?

| 9 | − | 6 | = | 3 |

| 3 | crayolas

5. Ayuda al Pingüino Confundido.

| | − | | = | |

| | crayolas

Problemas con números del 11 al 19 y varios desconocidos

Nombre _____

Modela y resuelve el problema.
Colorea para mostrar tu modelo.
Tacha los cubos que no uses.

1. En una taza hay 6 lápices rojos, 5 lápices
   amarillos y 7 lápices verdes. ¿Cuántos
   lápices hay en la taza?

taza

| | | | | | | | | | | | | | | | | | | | |
|○|○|○|○|○|○|○|○|○|○|○|○|○|○|○|○|○|○|○|○|

```
┌────────┐
│        │        _____
└────────┘              rótulo
```

2. Tengo 4 peces blancos, 2 peces negros
   y 6 peces anaranjados en mi acuario.
   ¿Cuántos peces hay en mi acuario?

pez

| | | | | | | | | | | | | | | | | | | | |
|○|○|○|○|○|○|○|○|○|○|○|○|○|○|○|○|○|○|○|○|

```
┌────────┐
│        │        _____
└────────┘              rótulo
```

3. Hay 3 peras en la mesa, 10 peras en una
   cesta y 7 peras en un tazón. ¿Cuántas
   peras hay en total?

pera

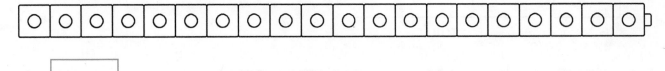

| | | | | | | | | | | | | | | | | | | | |
|○|○|○|○|○|○|○|○|○|○|○|○|○|○|○|○|○|○|○|○|

```
┌────────┐
│        │        _____
└────────┘              rótulo
```

Nombre

Resuelve el problema.

Muestra los cálculos. Usa dibujos, números o palabras.

4. En la mesa hay 5 crayolas rojos, 9 crayolas azules y 1 crayola amarillo. ¿Cuántos crayolas hay en la mesa?

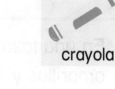

crayola

_____ rótulo

5. Charlie ve 4 libros en un escritorio, 6 libros en una repisa y 8 libros en un carrito. ¿Cuántos libros ve Charlie?

escritorio

_____ rótulo

6. Gina encuentra 7 conchas de mar. Paul encuentra 6 conchas de mar. Tom encuentra 3 conchas de mar. ¿Cuántas conchas de mar encuentran en total?

concha de mar

_____ rótulo

Problemas con tres sumandos

Nombre

I. Encierra en un círculo **grupos de 10**. Cuenta
por decenas y unidades. Escribe el número.

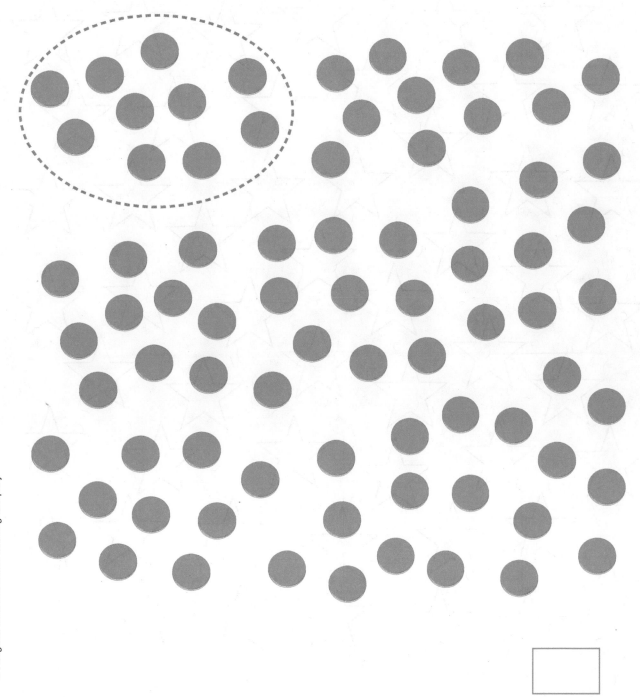

2. Colorea cada grupo de 10 de un color diferente.
Cuenta por decenas y unidades. Escribe el número.

Contar con grupos de 10

Dear Family:

The next several lessons of this unit build upon what the class learned previously about tens and ones. The Hundred Grid is a tool that allows children to see 10-based patterns in sequence. Seeing numbers in the ordered rows and columns of the Hundred Grid helps children better understand number relationships as they:

• continue to practice with 10-groups, adding tens to any 2-digit number, with totals to 100;

• explore 2-digit subtraction, subtracting tens from decade numbers;

• connect what they know about 10-partners to now find 100-partners.

1	11	21	31	41	51	61	71	81	91
2	12	22	32	42	52	62	72	82	92
3	13	23	33	43	53	63	73	83	93
4	14	24	34	44	54	64	74	84	94
5	15	25	35	45	55	65	75	85	95
6	16	26	36	46	56	66	76	86	96
7	17	27	37	47	57	67	77	87	97
8	18	28	38	48	58	68	78	88	98
9	19	29	39	49	59	69	79	89	99
10	20	30	40	50	60	70	80	90	100

3   ooo
13 | ooo
23 || ooo
33 ||| ooo
43 |||| ooo
53 ||||| ooo
63 ||||| | ooo
73 ||||| || ooo
83 ||||| ||| ooo
93 ||||| |||| ooo

If you have any questions or problems, please contact me.

Sincerely,
Your child's teacher

COMMON CORE   Unit 5 includes the Common Core Standards for Mathematical Content for Operations and Algebraic Thinking 1.OA.1, 1.OA.2, 1.OA.3, 1.OA.4, 1.OA.5, 1.OA.6, 1.OA.8; Number and Operations in Base Ten, 1.NBT.1, 1.NBT.2, 1.NBT.2c, 1.NBT.4, 1.NBT.5, 1.NBT.6 and all Mathematical Practices.

Estimada familia:

Las siguientes lecciones en esta unidad amplían lo que la clase aprendió anteriormente acerca de decenas y unidades. La Cuadrícula de 100 es un instrumento que permite observar patrones de base 10 en secuencia. Observar los números ordenados en hileras y columnas en la Cuadrícula de 100 ayudará a los niños a comprender mejor la relación entre los números mientras:

- continúan practicando con grupos de 10, sumando decenas a números de 2 dígitos con totales hasta 100;
- exploran la resta de números de 2 dígitos, restando decenas de números que terminan en cero;
- relacionan lo que saben acerca de las partes de 10 para hallar partes de 100.

1	11	21	31	41	51	61	71	81	91
2	12	22	32	42	52	62	72	82	92
3	13	23	33	43	53	63	73	83	93
4	14	24	34	44	54	64	74	84	94
5	15	25	35	45	55	65	75	85	95
6	16	26	36	46	56	66	76	86	96
7	17	27	37	47	57	67	77	87	97
8	18	28	38	48	58	68	78	88	98
9	19	29	39	49	59	69	79	89	99
10	20	30	40	50	60	70	80	90	100

3   ○○○
13 | ○○○
23 || ○○○
33 ||| ○○○
43 |||| ○○○
53 ||||| ○○○
63 ||||| | ○○○
73 ||||| || ○○○
83 ||||| ||| ○○○
93 ||||| |||| ○○○

Si tiene alguna pregunta o algún comentario comuníquese conmigo.

Atentamente,
El maestro de su niño

COMMON CORE La Unidad 5 incluye los Common Core Standards for Mathematical Content for Operations and Algebraic Thinking 1.OA.1, 1.OA.2, 1.OA.3, 1.OA.4, 1.OA.5, 1.OA.6, 1.OA.8; Number and Operations in Base Ten, 1.NBT.1, 1.NBT.2, 1.NBT.2c, 1.NBT.4, 1.NBT.5, 1.NBT.6 and all Mathematical Practices.

VOCABULARIO
columna
cuadrícula

1. Escribe los números del 1 al 120 en **columnas**.

1	11								
2									
10								100	120

Usa la **cuadrícula** para hallar 10 más. Escribe el número.

2. 29   **3.** 72   **4.** 45   **5.** 90

Usa la cuadrícula para hallar 10 menos. Escribe el número.

6. 39   **7.** 72   **8.** 91   **9.** 20

Nombre _____

VOCABULARIO
hilera

10. Escribe los números del 1 al 120 en **hileras**.

1	2								10
11									
									100
									120

Usa la cuadrícula para hallar 10 más. Escribe el número.

Usa la cuadrícula para hallar 10 menos. Escribe el número.

11. 63 [ ]   12. 51 [ ]   13. 83 [ ]   14. 51 [ ]

Hacer una cuadrícula de 100

Nombre _____

I. Escucha las instrucciones.

1	11	21	31	41	51	61	71	81	91
2	12	22	32	42	52	62	72	82	92
3	13	23	33	43	53	63	73	83	93
4	14	24	34	44	54	64	74	84	94
5	15	25	35	45	55	65	75	85	95
6	16	26	36	46	56	66	76	86	96
7	17	27	37	47	57	67	77	87	97
8	18	28	38	48	58	68	78	88	98
9	19	29	39	49	59	69	79	89	99
10	20	30	40	50	60	70	80	90	100

Nombre _____

Suma decenas.

2. 89 + 10 = ☐

3. 43 + 20 = ☐

4. 28 + 50 = ☐

5. 32 + 40 = ☐

6. 11 + 20 = ☐

7. 42 + 30 = ☐

8. 52 + 40 = ☐

9. 12 + 40 = ☐

10. 10 + 19 = ☐

11. 60 + 26 = ☐

Resta decenas.

12. 30 − 20 = ☐

13. 60 − 10 = ☐

14. 70 − 40 = ☐

15. 70 − 20 = ☐

16. 90 − 60 = ☐

17. 80 − 70 = ☐

18. 90 − 10 = ☐

19. 50 − 40 = ☐

Resuelve.

1. 80 + 20 = ☐

2. 30 + 70 = ☐

3. 10 + ☐ = 100

4. 50 + ☐ = 100

5. 100 = 20 + ☐

6. 100 = 40 + ☐

7. 20 + 50 = ☐

8. 10 + 80 = ☐

9. 0 + 60 = ☐

10. 20 + 20 = ☐

11. 40 − 40 = ☐

12. 80 − 0 = ☐

13. 70 − 60 = ☐

14. 60 − 30 = ☐

15. 60 − 10 = ☐

10 + ☐ = 60

16. 70 − 40 = ☐

40 + ☐ = 70

17. 50 − 20 = ☐

20 + ☐ = 50

18. 90 − 50 = ☐

50 + ☐ = 90

19. Observa lo que escribió el Pingüino Confundido.

$$70 - 20 = \boxed{5}$$

¿Tengo razón?

20. Ayuda al Pingüino Confundido.

$$70 - 20 = \boxed{}$$

Camino al conocimiento **Suma.**

1. $1 + 8 = \boxed{}$ 2. $5 + 4 = \boxed{}$ 3. $4 + 6 = \boxed{}$

4. $4 + 2 = \boxed{}$ 5. $7 + 1 = \boxed{}$ 6. $3 + 4 = \boxed{}$

Camino al conocimiento **Resta.**

7. $9 - 3 = \boxed{}$ 8. $6 - 1 = \boxed{}$ 9. $7 - 6 = \boxed{}$

10. $8 - 6 = \boxed{}$ 11. $10 - 3 = \boxed{}$ 12. $8 - 3 = \boxed{}$

Sumar y restar múltiplos de 10

Nombre _____

▶ **Matemáticas y jardinería**

Usa la figura.

Escribe los números para resolver.

---

1. Casey ayuda a recoger frutas.

   ¿Cuántas frutas recoge Casey?

   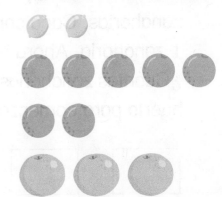

   [ ] 🍋 + [ ] 🟤 + [ ] 🍊 = **?**

   [ ] + [ ] = [ ] frutas

---

2. Casey ayuda a recoger vegetales.

   ¿Cuántos vegetales recoge Casey?

   [ ] 🌽 + [ ] 🥕 + [ ] 🫑 = **?**

   [ ] + [ ] = [ ] vegetales

---

3. Casey ayuda a recoger flores.

   ¿Cuántas flores recoge Casey?

   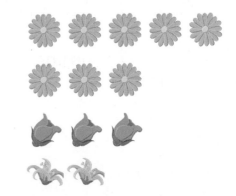

   [ ] 🌼 + [ ] 🌷 + [ ] 🌸 = **?**

   [ ] + [ ] = [ ] flores

Usa la figura.

Escribe los números para resolver.

4. En una huerta hay algunas
   zanahorias. Cada conejito se come
   1 zanahoria. Ahora hay 9 zanahorias.
   ¿Cuántas zanahorias había en la
   huerta para comenzar?

   ☐ − ☐ = ☐

   ☐ zanahorias

5. En un jardín hay algunos conejitos.
   7 más llegan saltando. Ahora hay
   13 conejitos en el jardín. ¿Cuántos
   conejitos había en el jardín antes?

   ☐ + ☐ = ☐

   ☐ conejitos

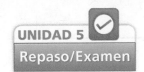
Nombre _____

Calcula la parte desconocida.   Resta.

1. $8 + \boxed{} = 14$

2. $9 + \boxed{} = 16$

3. $6 + \boxed{} = 15$

4. $13 - 9 = \boxed{}$

5. $17 - 8 = \boxed{}$

6. $15 - 7 = \boxed{}$

Resuelve el problema.   **Muestra los cálculos. Usa dibujos, números o palabras.**

7. En un tronco hay 12 ranas. Algunas ranas se van saltando. Ahora hay 7 ranas. ¿Cuántas ranas se van saltando?

rana

$\boxed{}$ _____
rótulo

8. En la escuela hay 18 bicicletas. 9 son rojas y el resto son azules. ¿Cuántas bicicletas son azules?

escuela

$\boxed{}$ _____
rótulo

Nombre _____

Resuelve el problema.

Muestra los cálculos. Usa dibujos, números o palabras.

9. Hay 7 patos en el estanque.
   Algunos patos llegan nadando.
   Ahora hay 13 patos. ¿Cuántos
   patos llegan nadando?

estanque

_____
rótulo

10. Sergio tiene 14 carros de juguete. Le regala
    5 carros a su hermano. ¿Cuántos carros de
    juguete tiene Sergio ahora?

carro de juguete

_____
rótulo

11. Tengo 8 manzanas rojas, 5 manzanas
    verdes y 2 manzanas amarillas. ¿Cuántas
    manzanas tengo?

manzana

_____
rótulo

12. Beatriz ve 9 robles, 4 arces y 6 pinos.
    ¿Cuántos árboles ve?

árbol

_____
rótulo

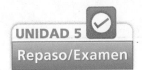
Nombre _____

Resuelve el problema.

Muestra los cálculos. Usa dibujos, números o palabras.

13. Hay 11 libros en una caja. Algunos son viejos y algunos son nuevos. ¿Cuántos libros viejos y libros nuevos puede haber? Muestra tres respuestas.

libro

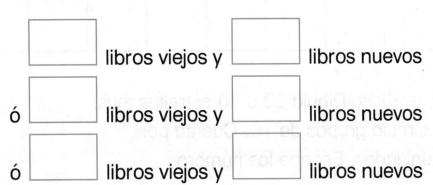

☐ libros viejos y ☐ libros nuevos

ó ☐ libros viejos y ☐ libros nuevos

ó ☐ libros viejos y ☐ libros nuevos

Resuelve.

14. 90 + ☐ = 100

15. 30 + ☐ = 100

16. 68 + 30 = ☐

17. 60 + 12 = ☐

18. 70 − 50 = ☐

19. 90 − 40 = ☐

20. 80 − 80 = ☐

21. 40 − 0 = ☐

22. 60 − 50 = ☐

23. 80 − 30 = ☐

50 + ☐ = 60

30 + ☐ = 80

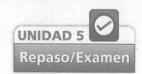

24. Comienza con 91. Cuenta. Escribe los números hasta 120.

91	92	93							
101									

25. **Respuesta extendida** Dibuja 20 a 30 estrellas más.
Encierra en un círculo grupos de 10. Cuenta por
decenas y por unidades. Escribe los números.

☆ ☆ ☆ ☆ ☆ ☆ ☆ ☆ ☆ ☆
☆ ☆ ☆ ☆ ☆ ☆ ☆ ☆ ☆ ☆
☆ ☆ ☆ ☆ ☆ ☆ ☆ ☆ ☆ ☆
☆ ☆ ☆ ☆ ☆ ☆ ☆ ☆ ☆ ☆
☆ ☆ ☆ ☆ ☆ ☆ ☆ ☆ ☆ ☆
☆ ☆

El número de estrellas es ☐ .

10 menos es ☐ .   10 más es ☐ .

Dear Family:

Children begin this unit by learning to organize, represent, and interpret data with two and three categories.

In the example below, children sort apples and bananas and represent the data using circles. They ask and answer questions about the data and learn to express comparative statements completely.

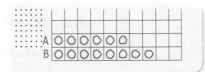

There are 2 more bananas than apples.

There are 2 fewer apples than bananas.

Later in the unit, children solve *Compare* story problems using comparison bars. Two examples are given below.

Jeremy has 10 crayons.
Amanda has 3 crayons.
How many more crayons does
Jeremy have than Amanda?

Abby has 8 erasers.
Ramon has 6 more erasers
than Abby has. How many
erasers does Ramon have?

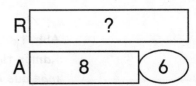

While working on homework, ask your child to explain to you how to use comparison bars to solve these types of story problems.

If you have any questions, please do not hesitate to contact me.

Sincerely,
Your child's teacher

COMMON CORE This unit includes the Common Core Standards for Mathematical Content for Operations and Algebraic Thinking 1.OA.1, 1.OA.2; Measurement and Data 1.MD.4 and all Mathematical Practices.

Estimada familia:

Al comenzar esta unidad, los niños aprenderán a organizar, representar e interpretar datos de dos y tres categorías.

En el ejemplo de abajo, los niños clasifican manzanas y plátanos, y representan los datos usando círculos. Formulan y responden preguntas acerca de los datos y aprenden cómo expresar enunciados comparativos completos.

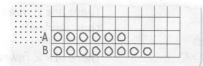

Hay 2 plátanos más que manzanas

Hay 2 manzanas menos que plátanos

Más adelante en la unidad, los niños resolverán problemas que requieran *comparar*, usando barras de comparación. Abajo se dan dos ejemplos.

Jeremy tiene 10 crayones.
Amanda tiene 3 crayones.
¿Cuántos crayones más que
Amanda tiene Jeremy?

J | 10
A | 3 | ?

Abby tiene 8 borradores.
Ramón tiene 6 borradores
más que Abby. ¿Cuántos
borradores tiene Ramón?

R | ?
A | 8 | 6

Mientras hace la tarea, pida a su niño que le explique cómo usar las barras de comparación para resolver este tipo de problemas.

Si tiene alguna pregunta, no dude en comunicarse conmigo.

Atentamente,
El maestro de su niño

COMMON CORE Esta unidad incluye los Common Core Standards for Mathematical Content for Operations and Algebraic Thinking 1.OA.1, 1.OA.2; Measurement and Data 1.MD.4 and all Mathematical Practices.

Explorar la representación de datos

VOCABULARIO
clasificar

Recorta las tarjetas.

¿Qué animalejos tienen patas?

¿Qué animalejos no tienen patas?

Clasifica los animalejos.

Explorar la representación de datos

VOCABULARIO
datos
más
menos

1. Usa círculos y grupos de 5 para anotar.
   Escribe cuántos hay en cada grupo.

Patas	**Sin patas**

Usa los **datos** para completar.

2. ¿Cuántos animalejos hay en total? _____

3. Encierra en un círculo el grupo con **más** animalejos.

4. Tacha el grupo con **menos** animalejos.

Nombre _____

5. Usa círculos y grupos de 5 para anotar.

Escribe cuántos hay en cada grupo.

Marrón	Rojo	Negro

Usa los datos para completar.

6. ¿Cuántos animalejos hay en total? _____

7. Encierra en un círculo el grupo con **la mayor cantidad** de animalejos.

8. Tacha el grupo con **la menor cantidad** de animalejos.

Explorar la representación de datos

1. Empareja dibujando líneas para **comparar**.
   Completa las oraciones.
   Encierra en un círculo la palabra **más** o **menos**.

Mara

Todd

Mara tiene ☐ manzanas **más menos** que Todd.

Todd tiene ☐ manzanas **más menos** que Mara.

2. Cada hormiga obtiene una migaja.
   ¿Cuántas migajas más se necesitan? ☐

3. Dibuja círculos para las migajas.

Migajas	
Hormigas	

4. Cada abeja recibe una flor. ¿Cuántas flores extras hay? ☐

5. Encierra en un círculo las flores extras.

Flores	
Abejas	

6. Clasifica las frutas. Anota con figuras.
Escribe cuántas hay en cada grupo.

Plátanos									____
Naranjas									____

7. Completa las oraciones. Encierra en un círculo la palabra
más o **menos**

Hay [ ] plátanos **más menos** que naranjas.

Hay [ ] naranjas **más menos** que plátanos.

---

8. Clasifica los vegetales. Anota con círculos.
Escribe cuántos hay en cada grupo.

Zanahorias								____
Pimientos								____

9. Completa las oraciones. Encierra en un círculo la palabra
más o **menos**

Hay [ ] pimientos **más menos** que zanahorias.

Hay [ ] zanahorias **más menos** que pimientos.

Organizar datos categóricos

1. Mira lo que escribió el Pingüino Confundido.

¿Tengo razón?

Rayas	O	O	O	O	O	O	O	O	O
Puntos	O	O	O	O	O				

Hay 4 peces más con rayas que peces con puntos.

Hay 4 peces menos con puntos que peces con rayas.

2. Ayuda al Pingüino Confundido.

Rayas									
Puntos									

Hay ⬜ peces más con rayas que peces con puntos.

Hay ⬜ peces menos con puntos que peces con rayas.

3. Clasifica los animales. Anota con círculos.

Escribe cuántos hay en cada grupo.

Perros									
Gatos									

4. Completa las oraciones. Encierra en un círculo la palabra **más** o **menos**

Hay ☐ gatos **más menos** que perros.

Hay ☐ perros **más menos** que gatos.

 Suma.

| 1. | 4
 + 3 | 2. | 8
 + 1 | 3. | 5
 + 5 | 4. | 10
 + 0 | 5. | 4
 + 6 |

Usar escalones para representar datos

1. Comenta los datos.

2. Escribe cuántos hay en cada categoría.

Huevos puestos este mes

Clucker	⬭ ⬭ ⬭ ⬭
Vanilla	⬭ ⬭ ⬭ ⬭ ⬭ ⬭ ⬭ ⬭ ⬭
Daisy	⬭ ⬭ ⬭ ⬭ ⬭ ⬭

Animales en el estanque

Ranas	🐸 🐸 🐸 🐸 🐸 🐸
Peces	🐟 🐟 🐟 🐟 🐟 🐟 🐟
Patos	🦆 🦆 🦆 🦆

Perros calientes vendidos en la feria

Eric	🌭 🌭 🌭 🌭 🌭 🌭 🌭 🌭
Miranda	🌭 🌭 🌭 🌭 🌭 🌭
Adam	🌭 🌭 🌭 🌭 🌭

Mira a medida que se retira cada cubo de la bolsa.

3. Dibuja círculos para mostrar cuántos cubos hay de cada color.

Colores en la bolsa										
Rojos										
Amarillos										
Azules										

Usa los datos para contestar las preguntas.

4. ¿Cuántos cubos rojos hay en la bolsa? _____

5. ¿Cuántos cubos amarillos hay en la bolsa?

_____

6. ¿Cuántos cubos azules hay en la bolsa? _____

7. ¿Cuántos cubos azules más que cubos rojos hay?

_____

8. ¿Cuántos cubos rojos menos que cubos amarillos hay?

_____

9. ¿De qué color hay la mayor cantidad? _____

10. ¿De qué color hay la menor cantidad? _____

11. ¿Cuántos cubos rojos hay en total? _____

Conjuntos de datos con tres categorías

Nombre _____

VOCABULARIO
barras de comparación

Resuelve el problema.
Usa **barras de comparación**.

Muestra los cálculos.

---

1. Tessa tiene 15 bolígrafos.
Sam tiene 9 bolígrafos.
¿Cuántos bolígrafos más
tiene Tessa que Sam?

_____ rótulo

---

2. Tessa tiene 15 bolígrafos.
Sam tiene 9 bolígrafos.
¿Cuántos bolígrafos menos
tiene Sam que Tessa?

_____ rótulo

---

3. Tessa tiene 15 bolígrafos.
Sam tiene 6 bolígrafos menos
que Tessa. ¿Cuántos bolígrafos
tiene Sam?

_____ rótulo

---

4. Sam tiene 9 bolígrafos.
Tessa tiene 6 más que Sam.
¿Cuántos bolígrafos tiene Tessa?

_____ rótulo

Resuelve el problema.
Usa barras de comparación.

Muestra los cálculos.

---

5. Dan lee 9 libros.
   Ana lee 11 libros.
   ¿Cuántos libros menos
   lee Dan que Ana?

   □ _____
        rótulo

---

6. Luis hace 7 huevos para
   el desayuno. Emily hace
   3 huevos. ¿Cuántos huevos
   más hace Luis que Emily?

   □ _____
        rótulo

---

7. Noah tiene 10 gorras más
   que Ben. Ben tiene 10 gorras.
   ¿Cuántas gorras tiene Noah?

   □ _____
        rótulo

---

8. Jen se come 2 zanahorias
   menos que Scott. Scott se
   come 9 zanahorias. ¿Cuántas
   zanahorias se come Jen?

   □ _____
        rótulo

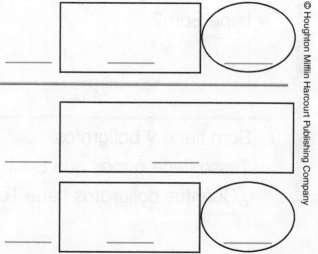

Nombre _____

Resuelve y comenta.

1. Hay 14 tigres y 8 osos. ¿Cuántos
   tigres más que osos hay?

   [ ] _____
       rótulo

   $14 = 8 + \boxed{}$

   $14 - 8 = \boxed{}$

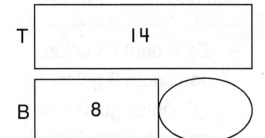

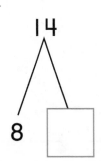

2. Hay 12 leones. Hay
   5 camellos menos que leones.
   ¿Cuántos camellos hay?

   [ ] _____
       rótulo

   $5 + \boxed{} = 12$

   $12 - 5 = \boxed{}$

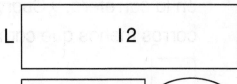

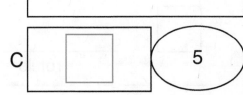

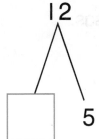

3. Hay 7 elefantes. Hay
   6 cebras más que elefantes.
   ¿Cuántas cebras hay?

   [ ] _____
       rótulo

   $7 + 6 = \boxed{}$

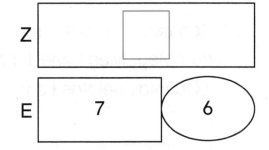

Resuelve el problema.   Muestra los cálculos.
Usa barras de comparación.

---

4. Zach anota 5 goles.
   Jon anota 8 goles.
   ¿Cuántos goles más
   anota Jon que Zach?

   ☐ _____
              rótulo

---

5. Hay 11 carros y 19 camiones
   en la carretera. ¿Cuántos
   carros menos que camiones hay?

   ☐ _____
              rótulo

---

6. Yo veo 8 lilas más que rosas.
   Veo 9 rosas.
   ¿Cuántas lilas veo?

   ☐ _____
              rótulo

---

7. Ken tiene 3 pelotas menos
   que Meg. Meg tiene 10 pelotas.
   ¿Cuántas pelotas tiene Ken?

   ☐ _____
              rótulo

Resuelve el problema.   Muestra los cálculos.

Usa barras de comparación.

---

1. La gata de Cory tiene 11 gatitos.

   La gata de Eva tiene 3 gatitos.

   ¿Cuántos gatitos menos tiene

   la gata de Eva que la gata de Cory?

   ☐ _____

   rótulo

---

2. Ayer había 3 bicicletas aquí.

   Hoy hay 7 bicicletas más.

   ¿Cuántas bicicletas hay hoy?

   ☐ _____

   rótulo

---

3. La Srta. Pérez tiene 15 caballos.

   El Sr. Drew tiene 9 caballos.

   ¿Cuántos caballos más tiene

   la Srta. Pérez que el Sr. Drew?

   ☐ _____

   rótulo

Nombre

Resuelve el problema.   **Muestra los cálculos.**
Usa barras de comparación.

---

4. Jim revienta 5 globos menos
   que Sadie. Jim revienta 9 globos.
   ¿Cuántos globos revienta Sadie?

   ☐ _____
           rótulo

---

5. Nick camina 12 millas en el bosque.
   Nick camina 4 millas más que Zia.
   ¿Cuántas millas camina Zia?

   ☐ _____
           rótulo

Camino al
conocimiento   **Resta.**

1.	9	2.	6	3.	8	4.	5	5.	9
	− 1		− 3		− 6		− 5		− 7

6.	4	7.	10	8.	9	9.	7	10.	6
	− 2		− 6		− 3		− 5		− 1

11.	8	12.	9	13.	7	14.	10	15.	8
	− 7		− 4		− 7		− 5		− 1

Resolver problemas de *comparación*

Nombre

►Las matemáticas y el parque

Liam recopila datos en el parque. Quiere saber cuántos animales pueden volar y cuántos animales no pueden volar.

1. Clasifica los animales.

   Anota con círculos y grupos de 5.

Animales que pueden volar	Animales que no pueden volar

   Usa los datos para completar.

2. ¿Cuántos animales pueden volar? _____

3. ¿Cuántos animales no pueden volar? _____

4. ¿Cuántos animales ve Liam en total? _____

5. ¿Cuántos animales más pueden volar que animales que no pueden volar? _____

Resuelve.

Muestra tu trabajo.

6. Hay 8 columpios.

12 niños se quieren columpiar.

¿Cuántos niños deben esperar
para columpiarse?

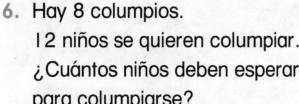

7. Hay 10 bicicletas en la rejilla.

7 niños comienzan a montarlas.

¿Cuántas bicicletas no tienen
ciclista?

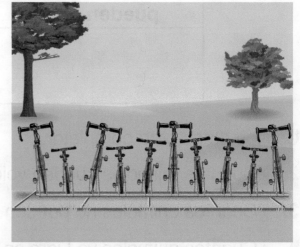

Nombre _____

1. Clasifica los insectos. Anota con círculos.

2. Escribe cuántos hay en cada grupo.

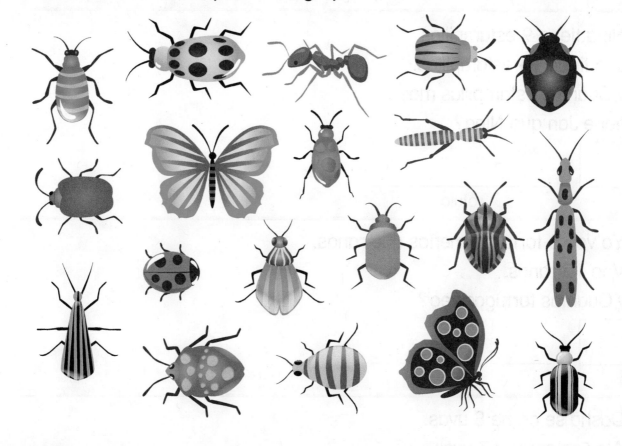

Rayas										
Puntos										
Un color										

Usa los datos para completar.

3. ¿Cuántos insectos más hay con rayas
   que insectos con puntos? _____

4. ¿Cuántos insectos menos hay con un color
   que insectos con rayas? _____

5. ¿Cuántos insectos hay en total? _____

Resuelve el problema.
Usa barras de comparación.

Muestra los cálculos.

6. Nina tiene 9 estampillas.
   Jan tiene 14 estampillas.
   ¿Cuántas estampillas más
   tiene Jan que Nina?

   ☐ _____
   rótulo

7. Yo veo 6 tortugas menos que ranas.
   Veo 13 ranas.
   ¿Cuántas tortugas veo?

   ☐ _____
   rótulo

8. Dasha se come 8 uvas.
   Alex se come 17 uvas.
   ¿Cuántas uvas menos se
   come Dasha que Alex?

   ☐ _____
   rótulo

9. Ed teje 4 gorras más que bufandas.
   Ed teje 8 bufandas.
   ¿Cuántas gorras teje Ed?

   ☐ _____
   rótulo

10. **Respuesta extendida** Una clase quiere elegir una mascota. La clase recopila datos sobre las mascotas favoritas. Cada niño vota. La maestra dibuja un círculo por cada voto.

Mascota favorita

Pez	Hámster	Tortuga
OOOO	OOOOO OOOO	OOOOO O

Escribe y contesta dos preguntas sobre los datos.

_____

- -

_____

- -

_____

- -

_____

- -

_____

- -

Family Letter

Dear Family:

Your child has begun a unit that focuses on measurement and geometry. Children will begin the unit by learning to tell and write time in hours and half-hours on an analog and digital clock.

2:00

hour : minute

Later in the unit, children will work with both 2-dimensional and 3-dimensional shapes.

They will learn to distinguish between defining and non-defining attributes of shapes. For example, rectangles have four sides and four square corners. A square is a special kind of rectangle with all sides the same length. The shapes below are different sizes, colors, and orientations, but they are all rectangles.

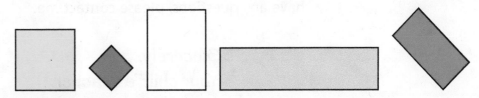

Later in the unit, children will compose shapes to create new shapes.

 A cone and a rectangular prism were used to make this new shape.

Children will also learn to partition circles and rectangles into two and four equal shares. They describe the shares using the words *halves*, *fourths*, and *quarters*.

 This circle is partitioned into halves.

 This circle is partitioned into fourths or quarters.

Children generalize that partitioning a shape into more equal shares creates smaller shares: one fourth of the circle above is smaller than one half of the circle.

Family Letter

Another concept in this unit is length measurement. Children order three objects by length.

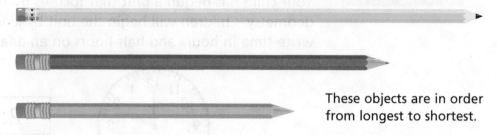

These objects are in order from longest to shortest.

They also use same-size length units such as paper clips to measure the length of an object.

This ribbon is 4 paper clips long.

You can help your child practice these new skills at home. If you have any questions, please contact me.

Sincerely,
Your child's teacher

COMMON CORE

This unit includes the Common Core Standards for Mathematical Content for Measurement and Data 1.MD.1, 1.MD.2, 1.MD.3; Geometry 1.G.1, 1.G.2, 1.G.3 and all Mathematical Practices.

Estimada familia:

Su niño ha comenzado una unidad sobre medidas y geometría. Comenzará esta unidad aprendiendo a leer y escribir la hora en punto y la media hora en un reloj analógico y en uno digital.

2:00

hora : minuto

Después, trabajará con figuras bidimensionales y tridimensionales.

Aprenderá a distinguir entre atributos que definen a una figura y los que no la definen. Por ejemplo, los rectángulos tienen cuatro lados y cuatro esquinas. Un cuadrado es un tipo especial de rectángulo que tiene lados de igual longitud. Las figuras de abajo tienen diferente tamaño, color y orientación, pero todas son rectángulos.

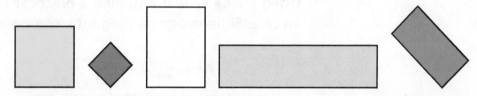

Más adelante en la unidad, los niños acomodarán figuras de diferentes maneras para formar nuevas figuras.

Para formar esta nueva figura se usaron un cono y un prisma rectangular.

También aprenderán a dividir círculos y rectángulos en dos y cuatro partes iguales. Describirán esas partes usando *mitades* y *cuartos*.

Este círculo está dividido en mitades.

Este círculo está dividido en cuartos.

Deducirán que si dividen un figura en más partes iguales, obtendrán partes más pequeñas: un cuarto del círculo es más pequeño que una mitad.

Otro concepto que se enseña en esta unidad es la medición de longitudes. Los niños ordenan tres objetos según su longitud.

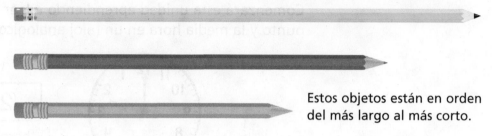

Estos objetos están en orden del más largo al más corto.

También usan unidades de la misma longitud, tales como clips, para medir la longitud de un objeto.

Esta cinta mide 4 clips de longitud.

Usted puede ayudar a su niño a practicar estas nuevas destrezas en casa. Si tiene alguna pregunta, comuníquese conmigo.

Atentamente,
El maestro de su niño

COMMON CORE

Esta unidad incluye los Common Core Standards for Mathematical Content for Measurement and Data 1.MD.1, 1.MD.2, 1.MD.3; Geometry 1.G.1, 1.G.2, 1.G.3 and all Mathematical Practices.

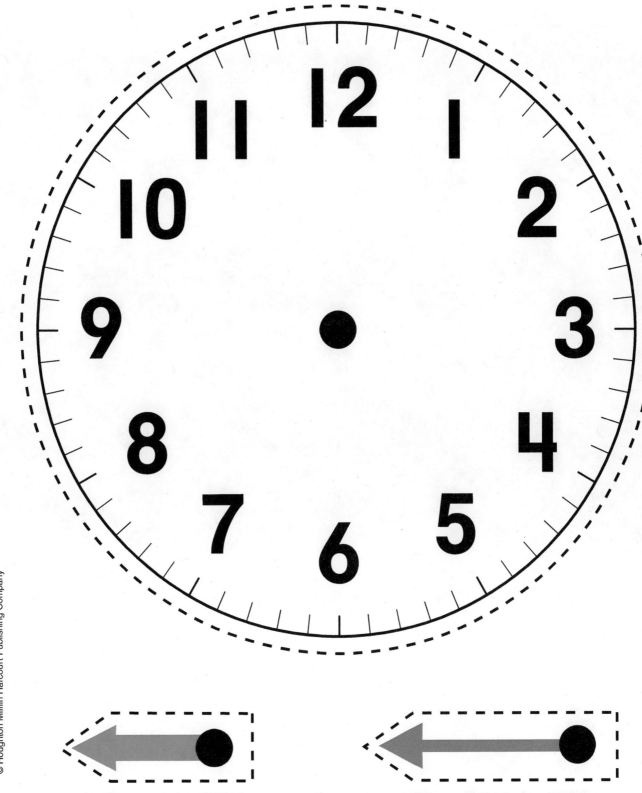

Reloj del estudiante con manecillas **199**

Decir y escribir la hora en punto

Nombre _____

Lee el **reloj**.
Escribe la hora en el reloj digital.

1.

```
2:00
```
hora : minutos

2.

```
  :
```
hora : minutos

3.

```
  :
```

4.

```
  :
```

5.

```
  :
```

6.

```
  :
```

7.

```
  :
```

8.

```
  :
```

9.

```
  :
```

10.

```
  :
```

VOCABULARIO

horario

Dibuja el **horario** en el reloj para mostrar la hora.

11.

4:00

12.

10:00

13.

5:00

14.

8:00

15. Mira el horario que dibujó el Pingüino Confundido.

3:00

¿Tengo razón?

16. Ayuda al Pingüino Confundido.

3:00

Decir y escribir la hora en punto

Nombre

Relojes para el libro "Nuestro ocupado día"

© Houghton Mifflin Harcourt Publishing Company

Las horas de nuestro día

Lee el reloj.

Escribe la hora en el reloj digital.

1.

:

hora : minutos

2.

:

hora : minutos

3.

:

4.

:

Dibuja el horario en el reloj para
mostrar la hora.

5.

6:00

6.

9:00

7.

8:00

8.

7:00

9.

4:00

10.

3:00

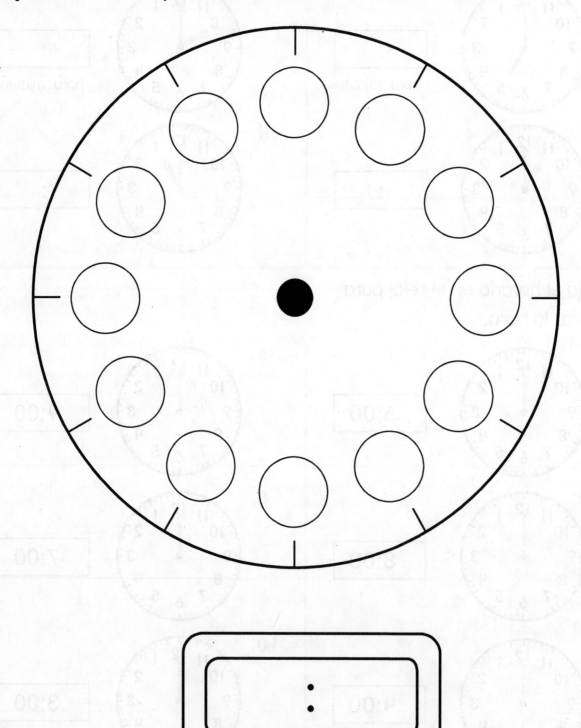

Escribe los números en el reloj.

Elige una hora.

Dibuja las manecillas para mostrar la hora. Escribe la hora.

Nombre _____

Lee el reloj.

Escribe la **media hora** en el reloj digital.

1.

:

hora : minutos

2.

:

hora : minutos

3.

:

4.

:

5.

:

6.

:

7.

:

8.

:

9.

:

10.

:

Encierra en un círculo el reloj que muestra la hora correcta.

Tacha el reloj que muestra la hora equivocada.

11.

7:30

12.

4:30

13.

12:30

14.

9:30

15. Mira el horario que dibujó el Pingüino Confundido.

1:30

¿Tengo razón?

16. Ayuda al Pingüino Confundido.

1:30

Muestra la misma media hora en ambos relojes

1.

[:]

2.

[:]

3.

[:]

4.

[:]

5.

[:]

6.

[:]

7.

[:]

8.

[:]

9.

[:]

Muestra la misma hora en ambos relojes.

Elige horas en punto y medias horas.

10.	11.	12.
:	:	:
13.	14.	15.
:	:	:

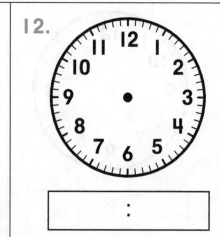
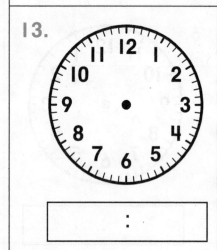
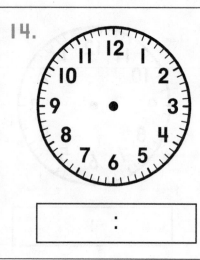
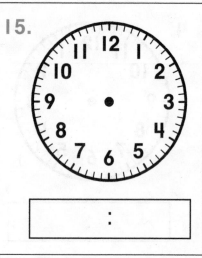

Camino al conocimiento **Suma.**

1. $7 + 2 =$ ☐   2. $5 + 3 =$ ☐   3. $7 + 1 =$ ☐

4. $5 + 5 =$ ☐   5. $8 + 2 =$ ☐   6. $6 + 3 =$ ☐

Camino al conocimiento **Encuentra la parte desconocida.**

7. $4 +$ ☐ $= 8$ 8. $4 +$ ☐ $= 10$ 9. $8 +$ ☐ $= 9$

Practicar cómo decir y escribir la hora

Figuras de 2 dimensiones

Figuras de 2 dimensiones

VOCABULARIO
rectángulos
cuadrados
lados
esquinas cuadradas

1. ¿Qué figuras NO son **rectángulos** o **cuadrados**?

Dibuja una X sobre cada una de ellas.

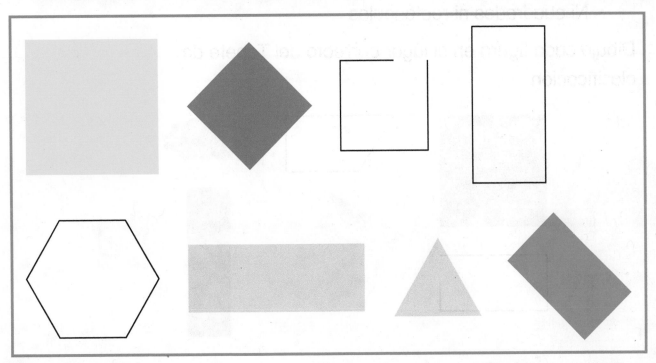

Dibuja la figura.

2. 4 **lados**,
   4 **esquinas cuadradas**

3. 4 lados de la misma longitud,
   4 esquinas cuadradas

4. Clasifica las figuras en tres grupos.

   · Cuadrados

   · Rectángulos que no son cuadrados

   · Ni cuadrados ni rectángulos

Dibuja cada figura en el lugar correcto del Tapete de clasificación.

Cuadrados	Rectángulos que no son cuadrados	Ni cuadrados ni rectángulos

VOCABULARIO
triángulos
círculos

1. ¿Qué figuras NO son **triángulos** o **círculos**?
Dibuja una X sobre cada una de ellas.

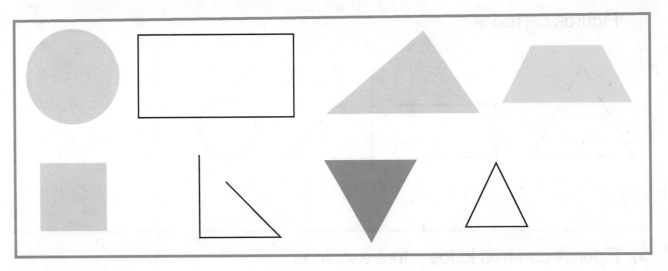

Dibuja la figura.

2. cerrada, 3 lados, 3 esquinas	3. cerrada, sin esquinas

Nombre

Encierra en un círculo las figuras que siguen la regla de clasificación.
Dibuja una figura que se ajuste a la regla.

4. Figuras cerradas.

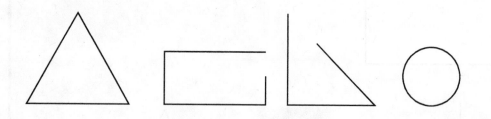

5. Figuras con tres lados y tres esquinas.

6. Figuras con una esquina cuadrada.

Triángulos y círculos

Recorta las siguientes figuras.
¿De cuántas maneras las puedes doblar en **mitades**?

Traza una línea para mostrar mitades.

Colorea una **mitad** de la figura.

I.

2.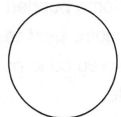

3.

4.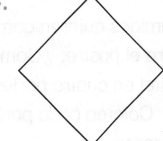

Traza líneas para mostrar **cuartos**.

Colorea un **cuarto** de la figura.

5.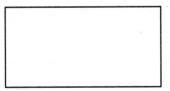

6.

7.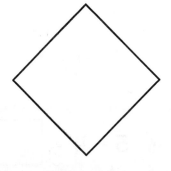

8.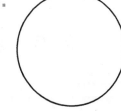

VOCABULARIO
partes iguales

Resuelve el problema.

9. Cuatro amigos quieren compartir un sándwich. ¿Cómo pueden cortar el sándwich en cuatro **partes iguales**? Traza líneas. Colorea cada parte de un color diferente.

10. Los cuatro amigos quieren compartir un pastel para el postre. ¿Cómo pueden cortar el pastel en cuatro partes iguales? Traza líneas. Colorea cada parte de un color diferente.

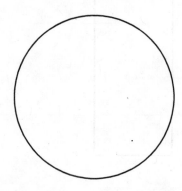

11. Una amiga sólo quiere una mitad de una barra de granola. ¿Cómo puede cortar la barra de granola en mitades? Traza una línea para mostrar dos partes iguales. Colorea cada parte de un color diferente.

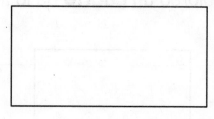

Camino al conocimiento **Resta.**

1. $10 - 3 =$ ☐

2. $8 - 8 =$ ☐

3. $9 - 1 =$ ☐

4. $6 - 5 =$ ☐

5. $7 - 5 =$ ☐

6. $5 - 4 =$ ☐

Partes iguales

Nombre

Cuadrícula de una pulgada cuadrada **223**

Nombre _____

Construye y dibuja la figura.

1. Construye un cuadrado. Usa rectángulos.

_____

2. Construye un rectángulo con todos los lados de la misma longitud. Usa triángulos con una esquina cuadrada.

_____

3. Construye un rectángulo con dos lados cortos y dos lados largos. Usa triángulos y rectángulos.

Armar figuras de 2 dimensiones

Nombre ______________________

Nombre

Usa 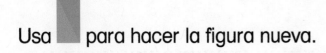 para hacer la figura nueva.

4.

5.

6.

7. Usa  para hacer la figura nueva.

Armar figuras de 2 dimensiones

7-10
Actividad de la clase

Nombre ____________________

Nombres de las figuras
cono
cubo
cilindro
prisma rectangular
esfera

Traza una línea para formar parejas de figuras iguales. Escribe el nombre de la figura.

1. 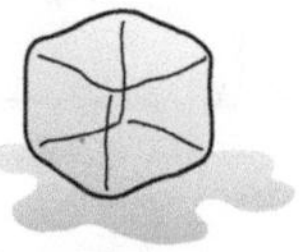 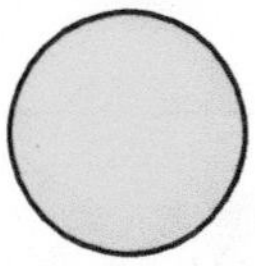 ____________________

2.   ____________________

3. 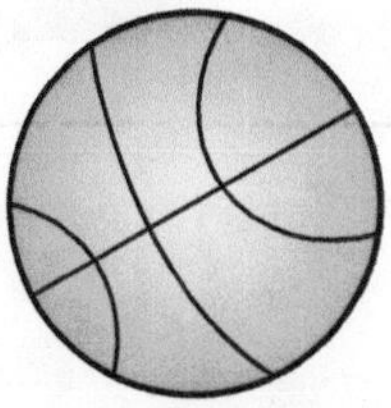 

____

4. 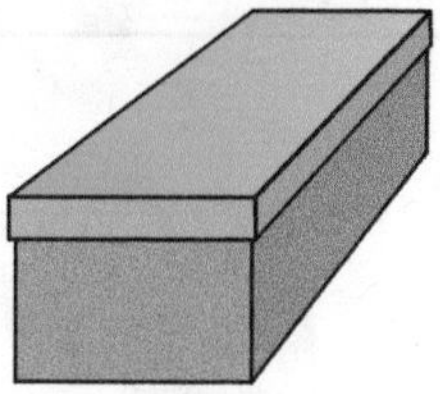 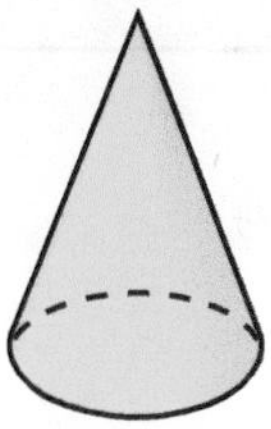 ____________________

5.  

____

Nombre _____

VOCABULARIO
prismas rectangulares
cubos

6. ¿Qué figuras NO son **prismas rectangulares**? Dibuja una X sobre cada una de ellas.

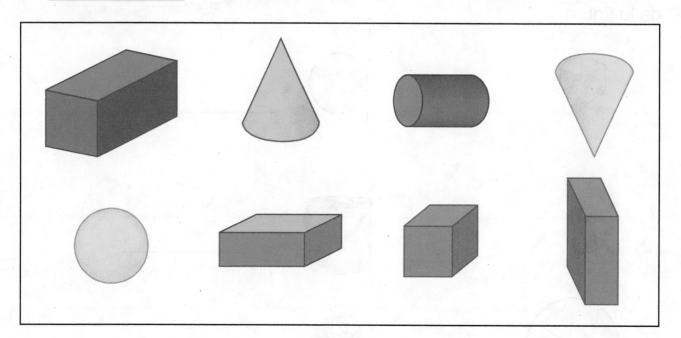

7. Encierra en un círculo las figuras que son **cubos**.

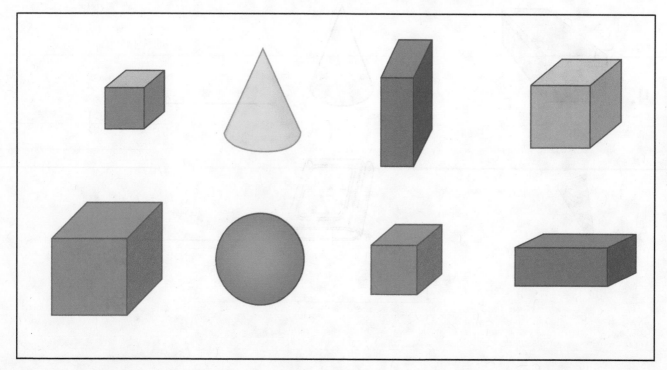

Figuras de 3 dimensiones

Encierra en un círculo las figuras que se usaron para hacer la figura nueva.

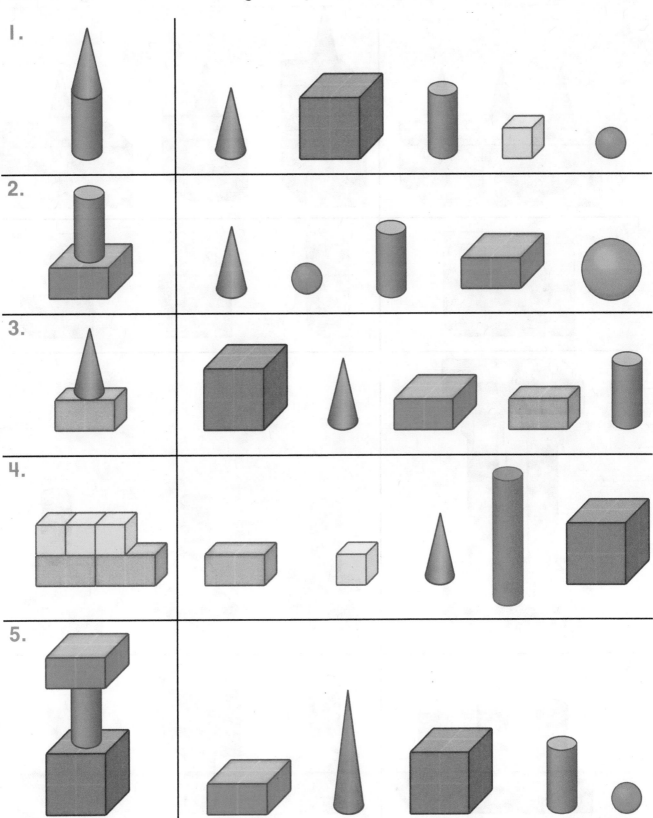

1.

2.

3.

4.

5.

Encierra en un círculo las figuras que se usaron para hacer la figura más grande.

6.

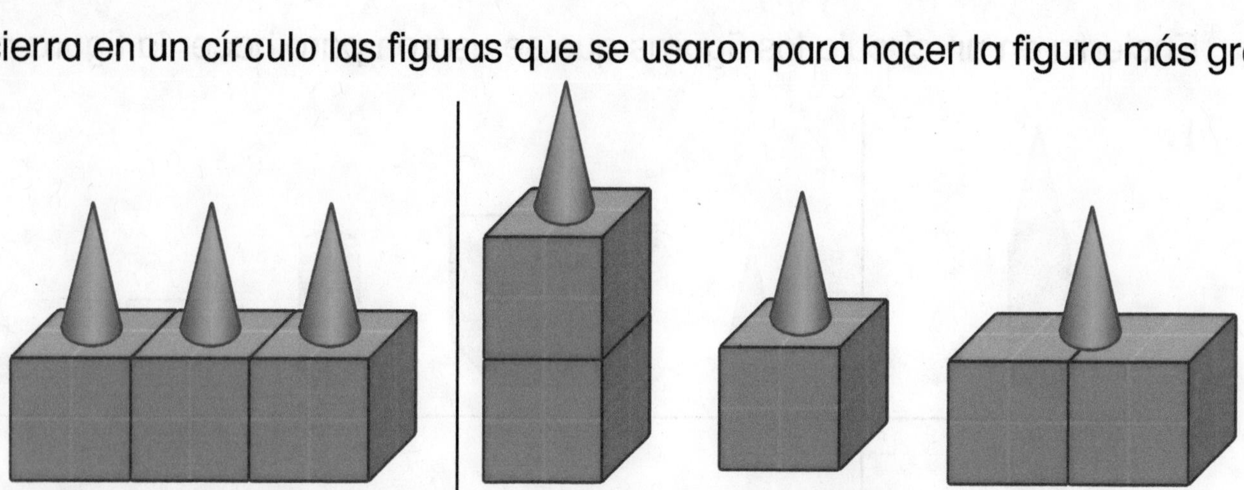

7.

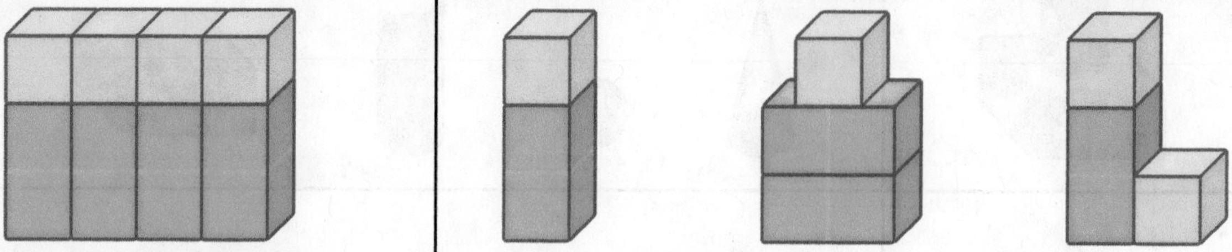

8.

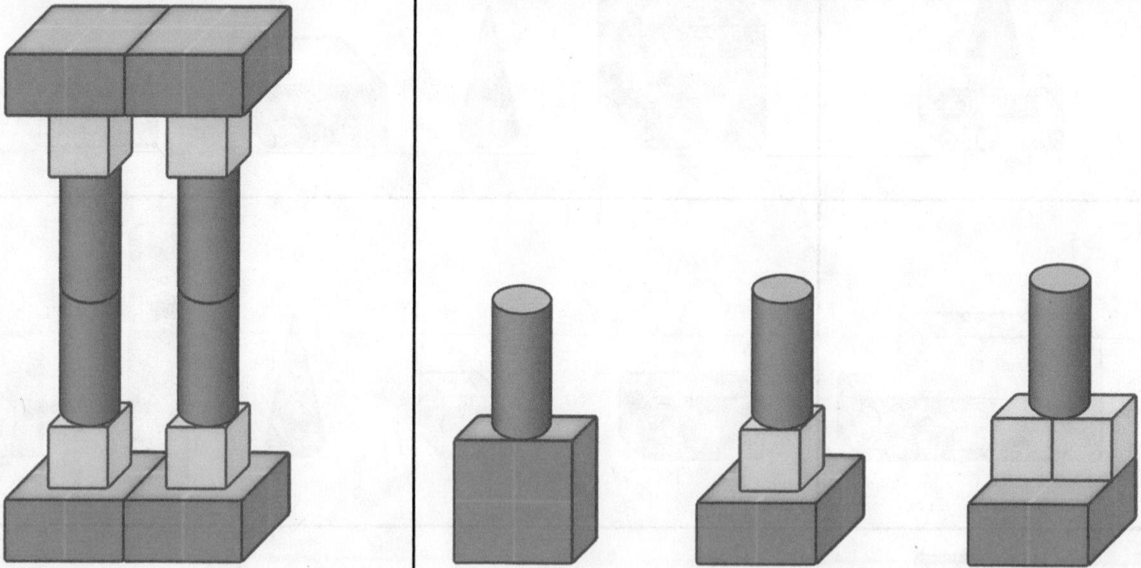

9.

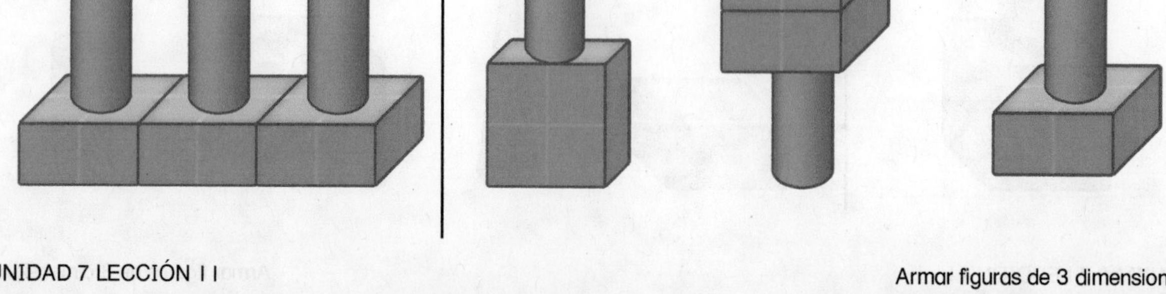

Armar figuras de 3 dimensiones

Escribe 1, 2, 3 para ordenar del más corto al más largo.

1.

2.

Nombre _____

Dibuja tres líneas diferentes.

Escribe 1, 2, 3 para ordenar del más largo al más corto.

3.

4.

Ordenar según la longitud

Mide en clips.

1. Cinta roja   ¿Cuánto mide? ☐ clips

2. Cinta azul   ¿Cuánto mide? ☐ clips

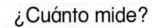

3. Lápiz verde   ¿Cuánto mide? ☐ clips

4. Lápiz morado   ¿Cuánto mide? ☐ clips

Nombre

Mide en clips.

5. Crayola anaranjado ¿Cuánto mide? ☐ clips

6. Pincel marrón ¿Cuánto mide? ☐ clips

7. Tiza amarilla ¿Cuánto mide? ☐ clips

Camino al conocimiento **Suma.**

1.	2.	3.	4.	5.
7	2	4	1	0
+3	+6	+5	+7	+9

Medir con unidades de longitud

Nombre _____

► **Matemáticas y una merienda campestre**

Jay y su familia están haciendo una merienda campestre. Dibuja líneas para mostrar partes iguales.

1. Jay quiere compartir su hamburguesa con su mamá. ¿Cómo puede cortar su hamburguesa en dos partes iguales?

2. Jay y sus tres hermanas quieren compartir una cacerola de pan de maíz. ¿Cómo puede Jay cortar el pan en cuatro partes iguales?

3. La mamá de Jay y sus tres hermanas quieren compartir un bloque de queso. ¿Cómo pueden cortar el bloque de queso en cuatro partes iguales?

Habrá mucha comida en el picnic.
Mide la comida con clips pequeños.

4. Trozo de naranja · · · · · · · · · ¿Cuánto mide? ☐ clips

5. Apio · · · · · · · · · · · · · · · · · ¿Cuánto mide? ☐ clips

6. Galleta · · · · · · · · · · · · · · · ¿Cuánto mide? ☐ clips

7. Ordena la comida del picnic de la más larga
a la más corta. Escribe los nombres.

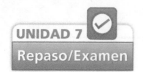
Lee la hora.

Escribe la hora en el reloj digital.

1.
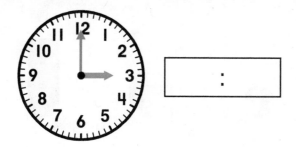

2.
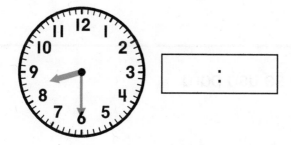

3. ¿Qué figuras NO son triángulos?

Dibuja una X sobre cada una de ellas.

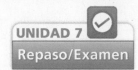
4. Encierra en un círculo las figuras que se usaron
   para hacer la figura nueva.

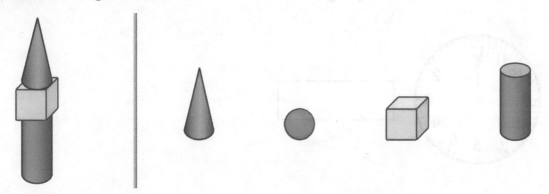

5. Encierra en un círculo la figura que se usó para
   hacer la figura más grande.

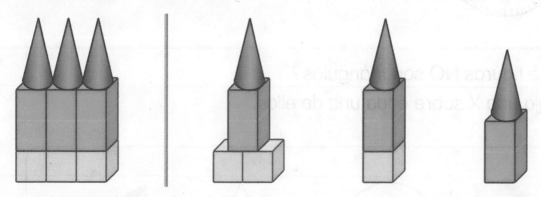

6. Traza una línea para mostrar mitades.
   Colorea una mitad de la figura.

Nombre _____

7. Traza líneas para mostrar cuartos.
Colorea un cuarto de la figura.

8. Escribe 1, 2, 3 en orden del más largo al más corto.

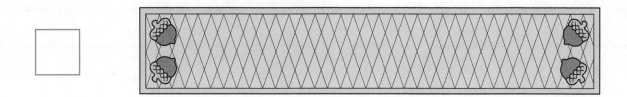

9. Mide en clips.

¿Cuánto mide? ☐ clips

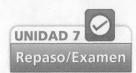
10. Respuesta extendida Eli tiene este crayola
y este lápiz.

Sam le da un borrador que es más corto que el crayola.

¿Es el borrador más corto que el lápiz? Explica.

Dear Family:

Your child will be using special drawings of 10-sticks and circles to add greater numbers. The sticks show the number of tens, and the circles show the number of ones. When a new group of ten is made, a ring is drawn around it.

There are several ways for children to show the new group of ten when they add 2-digit numbers.

• Children can do the addition with a single total. The 1 for the new ten can be written either below the tens column or above it. Writing it below makes addition easier because the 1 new ten is added after children have added the two numbers that are already there. Also, children can see the 16 they made from 7 and 9 because the 1 and 6 are closer together than they were when the new ten was written above.

$$
\begin{array}{r}
27 \\
+ 49 \\
\hline
\underset{1}{7}6
\end{array}
$$
new ten below

$$
\begin{array}{r}
\overset{1}{2}7 \\
+ 49 \\
\hline
76
\end{array}
$$
new ten above

• Children can make separate totals for tens and ones. Many first-graders prefer to work from left to right because that is how they read. They add the tens (20 + 40 = 60) and then the ones (7 + 9 = 16). The last step is to add the two totals together (60 + 16 = 76).

$$
\begin{array}{r}
27 \\
+ 49 \\
\hline
60 \\
16 \\
\hline
76
\end{array}
$$
left to right

$$
\begin{array}{r}
27 \\
+ 49 \\
\hline
16 \\
60 \\
\hline
76
\end{array}
$$
right to left

You may notice your child using one of these methods as he or she completes homework.

Sincerely,
Your child's teacher

COMMON CORE   Unit 8 includes the Common Core Standards for Mathematical Content for Number and Operations in Base Ten 1.NBT.4 and all Mathematical Practices.

Estimada familia:

Su niño usará dibujos especiales de palitos de decenas y círculos para sumar números más grandes. Los palitos muestran el número de decenas y los círculos muestran el número de unidades. Cuando se forma un nuevo grupo de diez, se encierra.

Hay varias maneras en las que los niños pueden mostrar el nuevo grupo de diez al sumar números de 2 dígitos.

• Pueden hacer la suma con un total único. El 1 que indica la nueva decena se puede escribir abajo o arriba de la columna de las decenas. Escribirlo abajo hace que la suma sea más fácil porque la nueva decena se suma después de sumar los dos números que ya estaban allí. Además, los niños pueden ver el 16 que obtuvieron de 7 y 9 porque el 1 y el 6 están más juntos que cuando la nueva decena estaba escrita arriba.

$$\begin{array}{r} 27 \\ +49 \\ \underset{1}{} \\ \hline 76 \end{array}$$ nueva decena abajo

$$\begin{array}{r} \overset{1}{} \\ 27 \\ +49 \\ \hline 76 \end{array}$$ nueva decena arriba

• Pueden hacer totales separados para decenas y para unidades. Muchos estudiantes de primer grado prefieren trabajar de izquierda a derecha porque así leen. Suman las decenas (20 + 40 = 60) y luego las unidades (7 + 9 = 16). El último paso es sumar ambos totales (60 + 16 = 76).

$$\begin{array}{r} 27 \\ +49 \\ \hline 60 \\ 16 \\ \hline 76 \end{array}$$
de izquierda a derecha

$$\begin{array}{r} 27 \\ +49 \\ \hline 16 \\ 60 \\ \hline 76 \end{array}$$
de derecha a izquierda

Es posible que su niño use uno de estos métodos al hacer la tarea.

Atentamente,
El maestro de su niño

© Houghton Mifflin Harcourt Publishing Company

COMMON CORE

La Unidad 8 incluye los Common Core Standards for Mathematical Content for Number and Operations in Base Ten 1.NBT.4 and all Mathematical Practices.

242 UNIDAD 8 LECCIÓN 1

Explorar la suma de 2 dígitos

Tío David

28 manzanas

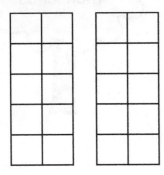

28 manzanas

16 manzanas

_____

Coloca las manzanas extras aquí.

Tía Sarah

16 manzanas

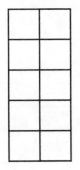

_____

Coloca las manzanas extras aquí.

Manzanas en total

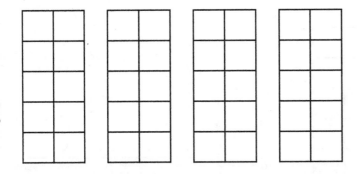

_____

Coloca las manzanas
extras aquí.

Nombre

Tío David

26 manzanas

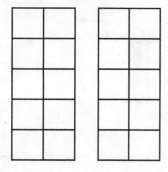

26 manzanas

20 manzanas

Coloca las manzanas extras aquí.

Tía Sarah

20 manzanas

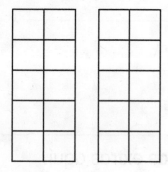

Coloca las manzanas extras aquí.

Manzanas en total

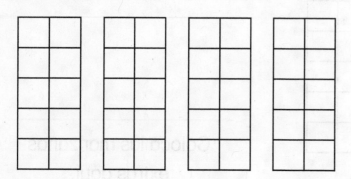

Coloca las manzanas
extras aquí.

Explorar la suma de 2 dígitos

1. Trabaja en parejas. Cada niño elige un árbol de manzanas.

2. En el tablero de MathBoard o en una hoja de papel, suma las manzanas de los dos árboles.

3. Comprueba si ambos obtuvieron la misma respuesta.

4. Repite con otros árboles.

5. Trabaja en parejas. Un niño elige un árbol de manzanas con un número de 2 dígitos. El otro niño elige otro árbol.

6. En el tablero de MathBoard o en una hoja de papel, suma las manzanas de los dos árboles.

7. Comprueba si ambos obtuvieron la misma respuesta.

8. Repite con otros árboles.

1. Trabaja en parejas. Un niño elige un árbol de duraznos.

2. En el tablero de MathBoard o en una hoja de papel, suma los duraznos de los dos árboles.

3. Comprueba si ambos obtuvieron la misma respuesta.

4. Repite con otros árboles.

5. **Comentar** ¿En qué problemas formaste una decena nueva?

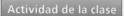

Nombre

Suma.

6. $\begin{array}{r} 53 \\ + 38 \\ \hline \end{array}$

7. $\begin{array}{r} 16 \\ + 6 \\ \hline \end{array}$

8. $\begin{array}{r} 67 \\ + 15 \\ \hline \end{array}$

9. $\begin{array}{r} 72 \\ + 20 \\ \hline \end{array}$

10. $\begin{array}{r} 56 \\ + 13 \\ \hline \end{array}$

11. $\begin{array}{r} 47 \\ + 30 \\ \hline \end{array}$

12. $\begin{array}{r} 48 \\ + 5 \\ \hline \end{array}$

13. $\begin{array}{r} 82 \\ + 14 \\ \hline \end{array}$

14. $\begin{array}{r} 17 \\ + 2 \\ \hline \end{array}$

Escribe en forma vertical. Luego suma.

15. $65 + 8$

16. $6 + 73$

17. $56 + 28$

18. $38 + 40$

Comentar métodos de solución

Suma.

1. 93
    + 6

2. 28
    + 18

3. 66
    + 7

4. 49
    + 30

5. 56
    + 25

6. 15
    + 4

Escribe en forma vertical. Luego suma.

7. 71 + 19

8. 54 + 20

9. 33 + 29

10. 44 + 4

11. 8 + 74

12. 19 + 67

13. Observa lo que escribió el Pingüino Confundido.

$$\begin{array}{r} 43 \\ + 39 \\ \hline 7|2 \end{array}$$

¿Tengo razón?

14. Ayuda al Pingüino Confundido.

$$\begin{array}{r} 43 \\ + 39 \\ \hline \end{array}$$

Camino al conocimiento Suma.

1. $5 + 2 =$ ☐

2. $7 + 1 =$ ☐

3. $3 + 2 =$ ☐

4. ☐ $= 8 + 2$

5. ☐ $= 3 + 6$

6. ☐ $= 4 + 3$

7. $5 + 1 =$ ☐

8. $6 + 2 =$ ☐

9. $5 + 3 =$ ☐

10. ☐ $= 7 + 2$

11. ☐ $= 4 + 2$

12. ☐ $= 2 + 1$

Nombre _____

▶ **Las matemáticas y el supermercado**

Usa las imágenes para resolver.

1. ¿Cuántas papas hay?

49 papas

47 papas

☐ papas

2. ¿Cuántos cartones de leche hay?

37 cartones de leche

23 cartones de leche

☐ cartones de leche

3. Se derramaron 20 cartones de leche.
   ¿Cuántos cartones de leche hay ahora?

☐ cartones de leche

Usa las imágenes para resolver.

4. ¿Cuántos frascos de miel hay?

23 frascos de miel

36 frascos de miel

frascos de miel

5. ¿Cuántos frascos de mermelada hay?

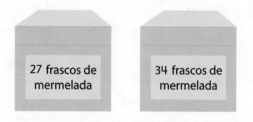

27 frascos de mermelada

34 frascos de mermelada

frascos de mermelada

6. Compara los frascos de miel con los frascos de mermelada.
Escribe la comparación de 2 maneras.

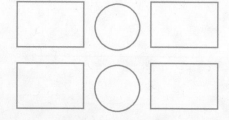

Nombre _____

Suma.

1.   56
   + 28
   _____

2.   42
   + 35
   _____

3.   65
   + 9
   _____

4.   28
   + 30
   _____

Escribe en forma vertical. Luego suma.

5. 62 + 20

6. 51 + 37

7. 28 + 29

8. 74 + 5

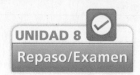

Nombre _____

9. ¿Cuántos duraznos hay en total? Muestra los cálculos.

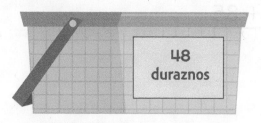

48
duraznos

37
duraznos

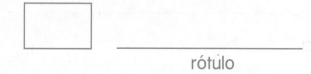

_____
rótulo

10. **Respuesta extendida** Escribe un ejercicio de suma que debas resolver formando una decena nueva. Usa dos números de 2 dígitos. Resuelve haciendo un dibujo para comprobar.

Tipos de problemas

	Resultado desconocido	Cambio desconocido	Comienzo desconocido
Sumar a	Seis niños juegan corre que te toco en el patio. Llegan 3 niños más a jugar. ¿Cuántos niños juegan en el patio ahora? *Ecuación de la situación y de la solución[1]:* $6 + 3 = \square$	Seis niños juegan corre que te toco en el patio. Llegan otros niños más a jugar. Ahora hay 9 niños en el patio. ¿Cuántos niños llegaron a jugar? *Ecuación de la situación:* $6 + \square = 9$ *Ecuación de la solución:* $9 - 6 = \square$	Algunos niños juegan corre que te toco en el patio. Llegan 3 niños más a jugar. Ahora hay 9 niños en el patio. ¿Cuántos niños había en el patio al comienzo? *Ecuación de la situación:* $\square + 3 = 9$ *Ecuación de la solución:* $9 - 3 = \square$
Restar de	Jake tiene 10 tarjetas de intercambio. Le regala 3 a su hermano. ¿Cuántas tarjetas de intercambio le quedan a Jake? *Ecuación de la situación y de la solución:* $10 - 3 = \square$	Jake tiene 10 tarjetas de intercambio. Le regala algunas tarjetas a su hermano. Ahora, a Jake le quedan 7 tarjetas de intercambio. ¿Cuántas tarjetas de intercambio le regala Jake a su hermano? *Ecuación de la situación:* $10 - \square = 7$ *Ecuación de la solución:* $10 - 7 = \square$	Jake tiene algunas tarjetas de intercambio. Le regala 3 tarjetas a su hermano. Ahora, a Jake le quedan 7 tarjetas de intercambio. ¿Con cuántas tarjetas de intercambio comenzó Jake? *Ecuación de la situación:* $\square - 3 = 7$ *Ecuación de la solución:* $7 + 3 = \square$

[1] Una ecuación de la situación representa la estructura (la acción) en un problema. Una ecuación de la solución muestra la operación que se usó para calcular el resultado.

Tipos de problemas (continuación)

	Total desconocido	Sumando desconocido	Ambos sumandos desconocidos
Juntar/ separar	Hay 9 rosas rojas y 4 rosas amarillas en un florero. ¿Cuántas rosas hay en el florero? *Dibujo matemático*[2]: (9, 4 → □) *Ecuación de la situación y de la solución:* $9 + 4 = \square$	Hay 13 rosas en un florero. Nueve de las rosas son rojas y el resto son amarillas. ¿Cuántas rosas amarillas hay? *Dibujo matemático:* (13 → 9, □) *Ecuación de la situación:* $13 = 9 + \square$ *Ecuación de la solución:* $13 - 9 = \square$	Ana tiene 13 rosas. ¿Cuántas puede poner en su florero rojo y cuántas puede poner en su florero azul? *Dibujo matemático:* (13 → □, □) *Ecuación de la situación:* $13 = \square + \square$

[2]Estos dibujos matemáticos se conocen como *Montañas matemáticas* en los grados 1 al 3 y *dibujos de separación* en los grados 4 y 5.

	Diferencia desconocida	Desconocido más grande	Desconocido más pequeño
Comparar[3]	Alí tiene 8 manzanas. Sofía tiene 14 manzanas. ¿Cuántas manzanas **más** tiene **Sofía** que Alí? Alí tiene 8 manzanas. Sofía tiene 14 manzanas. ¿Cuántas manzanas **menos** tiene Alí que **Sofía**? *Dibujo matemático:* S [14] A [8] (?) *Ecuación de la situación:* $8 + \square = 14$ *Ecuación de la solución:* $14 - 8 = \square$	**Lenguaje directo** Alí tiene 8 manzanas. **Sofía** tiene 6 manzanas **más** que Alí. ¿Cuántas manzanas tiene Sofía? **Lenguaje engañoso** Alí tiene 8 manzanas. **Alí** tiene 6 manzanas **menos** que Sofía. ¿Cuántas manzanas tiene Sofía? *Dibujo matemático:* S [?] A [8] (6) *Ecuación de la situación y de la solución:* $8 + 6 = \square$	**Lenguaje directo** Sofía tiene 14 manzanas. **Alí** tiene 6 manzanas **menos** que Sofía. ¿Cuántas manzanas tiene Alí? **Lenguaje engañoso** Sofía tiene 14 manzanas. **Sofía** tiene 6 manzanas **más** que Alí. ¿Cuántas manzanas tiene Alí? *Dibujo matemático:* S [14] A [?] (6) *Ecuación de la situación:* $\square + 6 = 14$ *Ecuación de la solución:* $14 - 6 = \square$

[3]Una oración comparativa siempre se puede formular de dos maneras: Una utiliza *más* y la otra utiliza *menos*. El lenguaje engañoso sugiere la operación equivocada. Por ejemplo: dice que *Alí tiene 6* manzanas *menos que Sofía*, pero hay que *sumar 6* a las 8 manzanas de Alí para obtener 14 manzanas.

Glosario

arista

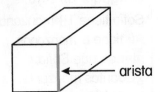

arista

barras de comparación

Joe tiene 6 rosas. Sasha tiene 9 rosas.
¿Cuántas rosas más tiene Sasha que Joe?

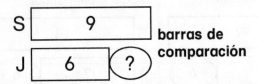

barras de comparación

cambiar el orden de las partes

7 + 2

2 + 7

cara

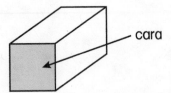

cara

casa de partes

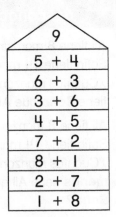

9
5 + 4
6 + 3
3 + 6
4 + 5
7 + 2
8 + 1
2 + 7
1 + 8

cero

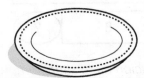

Hay **cero** manzanas en el plato.

cien

1	11	21	31	41	51	61	71	81	91
2	12	22	32	42	52	62	72	82	92
3	13	23	33	43	53	63	73	83	93
4	14	24	34	44	54	64	74	84	94
5	15	25	35	45	55	65	75	85	95
6	16	26	36	46	56	66	76	86	96
7	17	27	37	47	57	67	77	87	97
8	18	28	38	48	58	68	78	88	98
9	19	29	39	49	59	69	79	89	99
10	20	30	40	50	60	70	80	90	100

o

cilindro

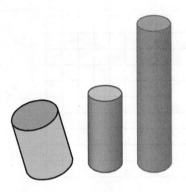

círculo

clasificar

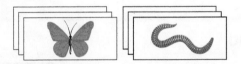

Puedes **clasificar** los insectos en grupos.

columna

1	11	21	31	41	51	61	71	81	91
2	12	22	32	42	52	62	72	82	92
3	13	23	33	43	53	63	73	83	93
4	14	24	34	44	54	64	74	84	94
5	15	25	35	45	55	65	75	85	95
6	16	26	36	46	56	66	76	86	96
7	17	27	37	47	57	67	77	87	97
8	18	28	38	48	58	68	78	88	98
9	19	29	39	49	59	69	79	89	99
10	20	30	40	50	60	70	80	90	100

comparar

Puedes **comparar** números.

11 es menor que 12.

$$11 < 12$$

12 es menor que 11.

$$12 > 11$$

Puedes **comparar** objetos según la longitud.

El crayola es más corto que el lápiz.

El lápiz es más largo que el crayola.

cono

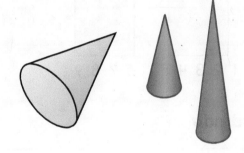

contar

contar hacia adelante

$$5 + 4 = \boxed{9}$$

$$5 + \boxed{4} = 9$$

$$9 - 5 = \boxed{4}$$

5 · · · ·
   6 7 8 9

Cuenta hacia delante desde 5 para obtener la respuesta.

contar todo

$$5 + 4 = \boxed{9}$$

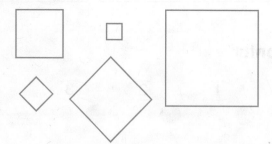

1 2 3 4 5   6 7 8 9

cuadrado

cuadrícula

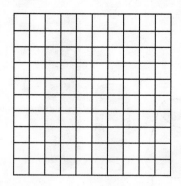

cuartos

1 entero   4 **cuartos**

cubo

D

datos

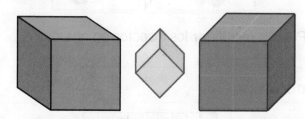

Colores en la bolsa									
Rojo	◯	◯	◯						
Amarillo	◯	◯	◯	◯	◯	◯	◯	◯	
Azul	◯	◯	◯	◯	◯	◯			

Los **datos** muestran cuántos hay de cada color.

decenas

decenas

56 tiene 5 **decenas**.

dibujo de círculos

3 + 4

○○○|○○○○

7

9 − 5

̶○̶○̶○̶○̶○̶|○○○○

4

dibujo de prueba

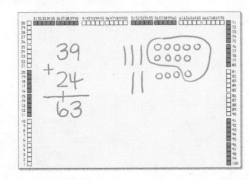

diferencia

$$11 - 3 = 8 \qquad \begin{array}{r} 11 \\ -\ 3 \\ \hline 8 \end{array}$$

diferencia →

dígito

15 es un número de 2 dígitos.

El 1 en 15 significa 1 decena.

El 5 en 15 significa 5 unidades.

dobles

$$4 + 4 = 8$$

Ambas partes son iguales.
Son **dobles**.

dobles más 1

6 + 6 = 12, entonces

6 + 7 = 13, es 1 más que 12.

dobles más 2

6 + 6 = 12, entonces

6 + 8 = 14, es 2 más que 12.

dobles menos 1

7 + 7 = 14, entonces

7 + 6 = 13, es 1 menos que 14.

dobles menos 2

7 + 7 = 14, entonces

7 + 5 = 12, es 2 menos que 14.

E

ecuación

Ejemplos:

4 + 3 = 7   7 = 4 + 3

9 − 5 = 4   4 = 9 − 5

Glosario (continuación)

el más corto

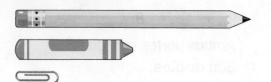

El clip es el **más corto**.

el más largo

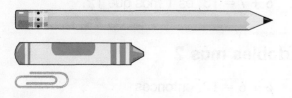

El lápiz es **el más largo**.

esfera

esquina

esquina

esquina cuadrada

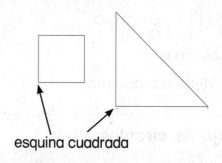

esquina cuadrada

F

figuras

de 2 dimensiones   de 3 dimensiones

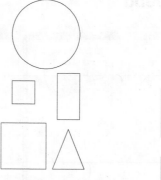   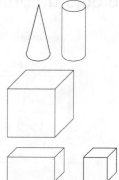

forma vertical

$$
\begin{array}{r} 6 \\ +3 \\ \hline 9 \end{array} \qquad \begin{array}{r} 9 \\ -3 \\ \hline 6 \end{array}
$$

formar una decena

$8 + 6 = \boxed{}$

⑧○○ ○○○○

$10 + 4 = 14,$

entonces, $8 + 6 = 14.$

G

grupo de 10

o

grupo de 5

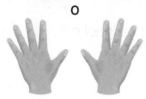

← grupo de 5

H

hexágono

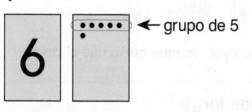

hilera

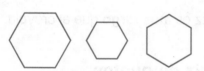

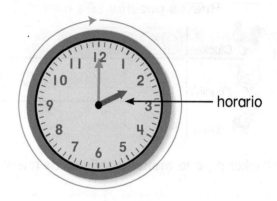

hora

horario

Una **hora** tiene 60 minutos.

I

igual a (=)

$$4 + 4 = 8$$

4 más 4 es **igual a** 8.

L

la mayor cantidad

Huevos puestos este mes

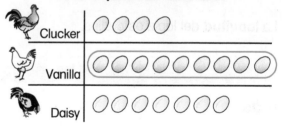

Vanilla puso **la mayor cantidad de** huevos.

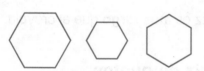

1	11	21	31	41	51	61	71	81	91
2	12	22	32	42	52	62	72	82	92
3	13	23	33	43	53	63	73	83	93
4	14	24	34	44	54	64	74	84	94
5	15	25	35	45	55	65	75	85	95
6	16	26	36	46	56	66	76	86	96
7	17	27	37	47	57	67	77	87	97
8	18	28	38	48	58	68	78	88	98
9	19	29	39	49	59	69	79	89	99
10	20	30	40	50	60	70	80	90	100

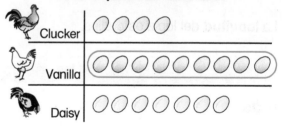

la menor cantidad

Huevos puestos este mes

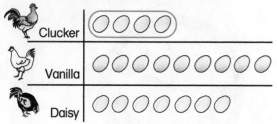

Clucker puso **la menor cantidad de** huevos.

lado

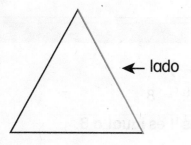

← lado

longitud

La **longitud** del lápiz es 6 clips.

M

más

Huevos puestos este mes

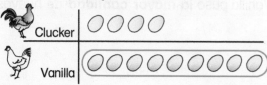

Vanilla puso **más** huevos que Clucker.

más (+)

$$3 + 2 = 5 \qquad \begin{array}{r} 3 \\ + 2 \\ \hline 5 \end{array}$$

3 **más** 2 es igual a 5.

más corto

El crayola es **más corto** que el lápiz.

más largo

El lápiz es **más largo** que el crayola.

matriz de puntos

mayor que (>)

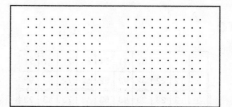

34 > 25

34 es mayor que 25.

media hora

Hay 30 minutos en **media hora**.

medir

Puedes usar clips para **medir** la longitud del lápiz.

menor que (<)

45   <   46

45 es **menor que** 46.

menos¹

Huevos puestos este mes

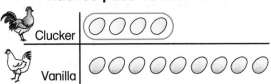

Clucker puso **menos** huevos que Vanilla.

menos² (−)

$$8 - 3 = 5 \qquad \begin{array}{r} 8 \\ -3 \\ \hline 5 \end{array}$$

8 **menos** 3 es igual a 5.

método de mostrar todos los totales

$$\begin{array}{r} 25 \\ +\ 48 \\ \hline 60 \\ 13 \\ \hline 73 \end{array}$$

método del grupo nuevo abajo

$$\begin{array}{r} 56 \\ +\ 28 \\ \hline 84 \end{array}$$
  $6 + 8 = 14$

El 1 de la nueva decena en 14 va abajo en el lugar de las decenas.

método del grupo nuevo arriba

$$\begin{array}{r} {\scriptstyle 1} \\ 56 \\ +\ 28 \\ \hline 84 \end{array}$$
  $6 + 8 = 14$

El 1 de la nueva decena en 14 va arriba en el lugar de las decenas.

minuto

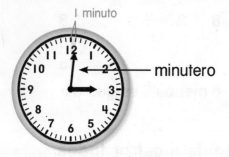

Hay 60 **minutos** en una hora.

mitad de

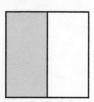

Una **mitad de** la figura está sombreada.

mitades

 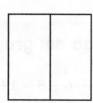

1 entero   2 **mitades**

Montaña matemática

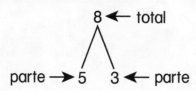

8 ← total

parte → 5   3 ← parte

N

no es igual a (≠)

6 ≠ 8

6 **no es igual a** 8.

numeral

12

doce ← numeral

número del 11 al 19

11 12 13 14 15 16 17 18 19

números del 11 al 19

números que terminan en 0

10, 20, 30, 40, 50, 60, 70, 80, 90

O

orden/ordenar

Puedes cambiar el **orden** de las partes.

7 + 2 = 9

2 + 7 = 9

Puedes **ordenar** objetos según la longitud.

1

2

3

P

palito de decena

||| ○○ Puedes mostrar 32 con
3 palitos de decena y dos
unidades.

palitos y círculos

I ○

II |○

2I ||○

3I |||○

parte

$5 = 2 + 3$

2 y 3 son **partes** de 5.

2 y 3 son las **partes** de 5.

parte conocida

$5 + \boxed{} = 7$

5 es la **parte conocida.**

parte desconocida

$4 + \boxed{} = 7$

partes iguales

2 partes iguales 4 partes iguales

Estos muestran **partes iguales.**

patrón

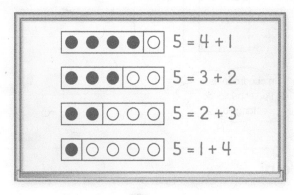

Las partes de un número muestran
un **patrón.**

prisma rectangular

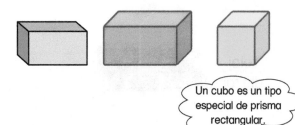

Un cubo es un tipo
especial de prisma
rectangular.

problema de resta

Hay 8 moscas en un tronco.
Una rana se come 6 de las moscas.
¿Cuántas moscas quedan?

problema de suma

Hay 5 patos.
Luego llegan 3 más.
¿Cuántos patos hay ahora?

R

rectángulo

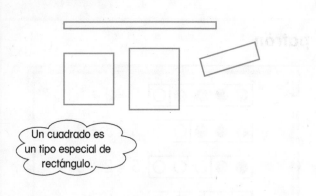

Un cuadrado es un tipo especial de rectángulo.

reloj

reloj analógico

reloj digital

restar

$$8 - 3 = 5$$

rótulo

Vemos 9 peces.
5 son grandes. Los otros son pequeños.
¿Cuántos peces son pequeños?

4 _____ peces

rótulo

S

separar las partes

Puedes **separar las partes** del número 4.

•|•••	••|••	•••|•
I y 3	2 y 2	3 y I

I y 3, 2 y 2; y 3 y I son maneras de
separar las partes de 4.

sumando

$$5 + 4 = 9 \qquad 5 + 4 + 8 = 17$$

↑ ↑   ↑ ↑ ↑

sumandos   sumandos
(partes)

sumar

$$3 \quad + \quad 2 \quad = \quad 5$$

T

total

$$4 + 3 = 7$$

$$\begin{array}{r} 4 \\ + 3 \\ \hline \text{total} \rightarrow 7 \end{array}$$

total del 11 al 19

14 ← total del 11 al 19

9   5

total desconocido

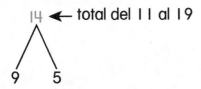

$$5 + 3 = \square$$

trapecio

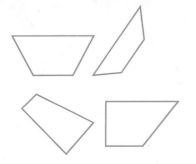

tren de partes

tren de 4

3 + 1   2 + 2   1 + 3

triángulo

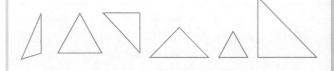

U

un cuarto de

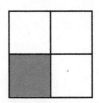

Un cuarto de la figura está sombreado.

unidades

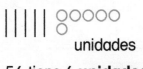

unidades

56 tiene 6 **unidades**.

V

vértice

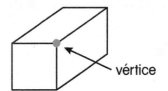

vértice